_____ 님의 소중한 미래를 위해
이 책을 드립니다.

배 아픈 언니들의
억울해서 배우는
투자이야기

배 아픈 언니들의 억울해서 배우는 투자이야기

정선영 · 전소영 · 강수지 지음

메이트북스

메이트북스   우리는 책이 독자를 위한 것임을 잊지 않는다.
우리는 독자의 꿈을 사랑하고,
그 꿈이 실현될 수 있는 도구를 세상에 내놓는다.

배 아픈 언니들의 억울해서 배우는 투자 이야기

초판 1쇄 발행 2020년 8월 1일 **│ 지은이** 정선영 · 전소영 · 강수지
펴낸곳 ㈜원앤원콘텐츠그룹 **│ 펴낸이** 강현규 · 정영훈
책임편집 유지윤 **│ 편집** 안정연 · 안선영 **│ 디자인** 최정아
마케팅 김형진 · 정호준 **│ 경영지원** 최향숙 · 이혜지 **│ 홍보** 이선미 · 정채훈 · 정선호
등록번호 제301-2006-001호 **│ 등록일자** 2013년 5월 24일
주소 04607 서울시 중구 다산로 139 랜더스빌딩 5층 **│ 전화** (02)2234-7117
팩스 (02)2234-1086 **│ 홈페이지** www.matebooks.co.kr **│ 이메일** khg0109@hanmail.net
값 15,000원 **│ ISBN** 979-11-6002-293-3 03320

이 도서의 국립중앙도서관 출판시도서목록(CIP)은 e-CIP홈페이지(http://www.nl.go.kr/ecip)에서
이용하실 수 있습니다.(CIP제어번호 : CIP2020028380)

내가 부자인 이유는
내가 틀렸을 때를 알고 있기 때문이다.
나는 기본적으로 내 실수를 인식함으로써 살아남았다.

• 조지 소로스(세계적인 투자가) •

다람쥐 같은 여자 셋이 도토리를 불려보겠다며 안간힘을 쓰는, 아기자기하고 좌충우돌하는 투자 이야기. "맞아, 맞아, 나도 그랬어"라며 박장대소하고 공감할 수 있는 보통 사람들의 유쾌한 투자 이야기. 거창한 이론이나 딱딱한 훈계 없이, 금융시장 기자 생활에서 체득한 교훈을 잔잔히 전해주는 살아 있는 투자 이야기. 그래서 읽고 나면 왠지 흐뭇하고 마음이 따뜻해지는 이야기. 여태까지 이렇게 신선하고 재미있는 이야기들로 채워진 투자 지침서는 없었다.

조동철 _ KDI 국제정책대학원 교수(전 한국은행 금융통화위원)

투자를 하고 싶어도 선뜻 시작하지 못하는 사람들이 많다. 잘해야 한다는 심리적 압박감과 괜히 나중에 후회할 일을 만들지 말자는 자기방어적 본능, 계좌도 만들어야 하고 살 종목도 골라야 하는 번거로운 일들에 대한 귀차니즘이 투자의 앞을 가로막기 때문이다. 이 책은 아직도 투자에 망설이는 분들에게 큰 힘이 될 것 같다. 저자들의 사소한 투자 경험을 읽다 보면 스스로를 짓누르던 압박감이 봄눈 녹듯 사라질 것이다. 그리고 저자들의 후회 경험을 읽다 보면 투자에 등을 돌리고 사는 것이 결코 바람직하지 않다는 것도 느끼게 될 것이다. 몇 억을 벌었다, 몇 십억을 벌었다는 성공담보다는 '남들도 나랑 다르지 않구나' 하는 공감에서 용기를 얻는 분들에게 이 책을 권한다.

김일구 _ 한화투자증권 상무(수석 이코노미스트)

전 세계가 코로나19로 고통받고 있고, 세계 경제는 대공황 이후에 가장 큰 하락세를 보일 것으로 전망된다. 당연히 자산 시장의 전망도 어두워야 하며 우리의 투자는 극도로 보수적이어야 할 것이나, 지금 전 세계인의 화두는 바로 '적극적 투자'다.

페이스북, 아마존, 넷플릭스, 구글로 대변되는 미국의 나스닥은 다시 사상 최고치를 경신하고 있으며 국내적으로는 '동학개미운동'이라는 신조어가 생길 정도로 개인투자자들의 증시유입이 가파르게 진행되고 있다.

왜일까? 바로 글로벌 팬데믹보다 더 강력한 돈의 힘, 즉 유동성의 힘을 알아차렸기 때문이다. 2008년 금융위기 이후 무려 10년 넘게 줄기차게 올랐던 미국 증시와, 정부의 스무 번이 넘는 규제책에도 아랑곳하지 않고 오르기만 하는 한국의 부동산가격은 바로 저금리와 재정의 확대라는 유동성에 기인한다.

어쩌면 우리는 또 다른 10년을 좌우할 투자의 출발선에 다시 서있는지 모른다. 뜻하지 않게 찾아온 코로나19가 부와 가난의 분기점을 만들고 있기 때문이다. 경제 기자 세 분이 함께 쓴 이 책은 엄혹하고 냉정한 투자의 전선을 훨씬 친절하고 따뜻한 대화의 장으로 만들어준다.

지난 겨울 코로나19가 오기 전 주식투자 강연장에서 만났던 젊은 부부들과 팔짱을 끼고 앉아 열심히 강의를 듣던 어머니와 딸은 지금 어떤 투자를 하고 있을까? 부디 세 분의 친절한 가이드북과 함께 성공 투자의 로드맵을 만들어보시기를 바란다.

김동환 _ 삼프로TV, 대안금융경제연구소장

좌충우돌 우리 시대 언니들의
배 아픈 투자 이야기

금융시장은 큰돈을 벌었다는 투자 성공신화로 넘쳐난다. 가상화폐 투자로 400억을 벌어 당당하게 상사에게 사표를 던진 이야기, 아파트 잘 사서 인생 역전한 이야기, 코스닥 투자로 결혼자금을 마련한 이야기…. 가만히 듣다 보면 나도 그렇게 될 것만 같은 희망이 생기기도 한다. 하지만 희망은 접어두자. 그런 일은 거의 일어나지 않는다.

화려한 투자 성공담은 소수의 이야기일 뿐이다. 다수의 사람들은 소액의 수익을 내고 팔아 입맛만 다시거나 아예 투자 대열에 끼지도 못한다. 투자 성공신화를 내세우는 사람들이 전체의 10%라면 나머지 90%는 보통 사람들이다. 대부분의 우리는 아쉽게도

90%의 보통 사람들에 속한다.

비트코인 투자 광풍이 불었을 때 처음에는 부러움을 금치 못했다. 용돈이나 다름없는 몇만 원을 투자해 수억 원의 수익을 내는 이야기가 주변 동료들의 실화라는 점 때문에 가슴이 설레기도 했다.

하지만 우리는 침착해야 한다. 급등락을 거듭하는 과정에서 투자와 손절에 좀더 침착하게 대응하려면 올바른 금융지식을 갖춘 투자자가 되어야 한다. 친구나 지인의 투자 성공담에 취해 '묻지마 투자'에 나서는 것은 누구에게나 일어날 수 있는 일이다. 그런 투자는 매우 위험하다.

이 책에서는 보통 사람들의 투자 이야기를 해보려 한다. 달리는 말에 올라탄 소수의 사람들보다 달리는 말에 올라탈 엄두도 못 내던 사람들의 절망을 다루고자 한다.

이제 성공 스토리는 지겹다. 다른 사람의 성공담은 반짝반짝 빛나지만 다 소용없다. 내 계좌에 플러스를 내는 투자 상품이 없다면 다 헛것이다. 박수 칠수록 배가 아파올 것이다. 그래서 우리 '배 아픈 언니들'은 복통을 극복하기로 했다.

금융시장에서는 과거에 투자하지 못한 걸로 후회하지 말라고 조언한다. 어차피 그때로 돌아가도 못한다고 말이다. 알고 있다. 하지만 우리는 왜 투자를 못 했는지 돌아보고, 반성해야 한다. 그래야 기회가 왔을 때 알아차릴 수 있다.

과거의 실패를 반복하지 않으려면 머릿속으로 연습해놓아야 한다. 혼자만 사탕을 받지 못한 아이처럼 풀죽어 있을 수는 없다. 개미와 조막손투자자에게도 언젠가는 수익을 낼 일생일대의 기회가 올 것이다.

하소연으로 시작했다고 해서 이 책이 투자 실패담만 다루는 것은 아니다. 주식, 외환, 채권, 부동산, 기타자산 등을 5개 부문으로 나눠서 왜 투자에 실패하는지를 꼼꼼히 짚어보고, 그 시장이 어떻게 움직여왔는지 살펴보려 한다. 그리고 다음에 투자할 때는 어떤 부분을 참고해야 할지도 담을 예정이다.

이 책은 과거의 부실한 투자를 반성하고 개선함으로써 좀더 능숙하게 금융시장에 다가갈 수 있는 문을 열어보려는 '발악'이라 할 수 있다. 몰라서 못 했던 투자, 알아도 못 했던 투자였지만 미래에 같은 상황이 왔을 때는 좀더 현명한 선택을 할 수 있기 위함이다.

우리는 금융 전문매체인 〈연합인포맥스〉에서 외환과 채권, 주식 분야를 담당하고 있다. 늘 투자에 도움이 되는 기사를 쓰려고 노력하고, 선제적으로 정보를 제공한다. 하지만 기사를 쓰면서 '정작 우리는 투자를 못 했구나' 하는 생각이 들 때도 많다. 투자 성공담을 부러워하면서도 절대 그 대열에 끼지 못하는 보통 사람들의 마음을 누구보다 잘 아는 셈이다.

이 책의 내용은 모두 "나는 왜 ○○을 사지 못 했나"라는 의문에서 출발한다. 어떤 자산에 투자할 뻔했던 시점으로 시계를 돌려 그때의 자신을 되돌아본다. 누구에게나 투자에 성공하지 못한 이유가 있다.

책 내용은 이렇다. 주식시장을 다룬 1장에서는 고공행진을 펼쳤던 삼성전자와 하이닉스, 바이오주, 코스닥 테마주, ETF 투자 등을 담는다. 왜 달리는 말에 올라타지 못했는지, 주식투자에서 가졌던 한계는 무엇인지를 다뤄본다.

외환시장을 다룬 2장에서는 유로화, 달러화, 엔화, 대만달러 등에 대해 살펴본다. 글로벌 금융위기를 거치는 과정에서 외환시장 투자에 끼지 못했던 이유를 짚어본다. 최근 국내투자자들의 해외투자가 활성화되면서 외환시장은 주요 투자처가 되었다. 외환시장에 투자하기 위해 반드시 살펴봐야 할 리스크 요인은 무엇인지도 알아본다.

채권시장을 다룬 3장에서는 브라질채권을 비롯한 해외채권투자, 채권형펀드, 물가채 등의 사례를 살펴본다.

부동산을 다룬 4장에서도 배 아픈 투자자들의 이야기는 이어진다. 강남 불패 신화를 보여준 아파트값부터 엄마들의 과거 내집 마련기, 지역을 잘못 택해 희비가 엇갈린 사례 등을 비교해본다. 그리고 부동산투자 시 참고해야 할 포인트를 짚어본다.

마지막으로 기타자산을 다룬 5장에서는 좀더 투자의 범위를 넓혀본다. 금이나 유가, 크라우드펀딩 등에 투자한 사례를 통해 앞으로 다가올 인플레이션에 대비한 투자와 새로운 트렌드를 알아보고자 한다.

금융시장을 전담하는 기자 셋이 공저를 하게 된 것은 누구 한 사람의 단편적인 경험이 아닌, 좀더 다양한 투자 실패 사례를 담기 위해서다. 이 책은 실화다. 세 명의 배 아픈 언니들이 나온다. 한 명은 다양한 금융상품에 투자하는 문어발 투자를 지향한다. 이것저것 소액 투자를 너무 많이 해서 뭘 투자했는지조차 까먹을 때가 많다. 또 한 명은 수많은 투자 아이템을 욕심내지만 항상 한 박자 늦는 스타일이다. 상상 속에서는 떼돈을 벌지만 막상 투자 포트폴리오가 없는 경우가 대부분이다. 마지막은 사회생활을 시작한 지 10년이 되지 않아 아직 투자 경험은 많지 않지만 잠재력이 크다. 아직 안 나서서 그렇지 한번 나서면 큰손이 될 가능성이 엿보인다. 물론 본인들의 사례를 비롯한 주변 이야기들을 담다 보니 다소 구질구질하고 감정이 과도하게 이입될 수 있다.

하지만 우리가 빚어놓은 실패담으로 독자 중 누구 한 사람이라도 성공적인 투자를 할 수 있다면 더없이 기쁠 것 같다.

정선영·전소영·강수지

차례

1장 언니들의 배 아픈 주식투자 이야기

나는 왜 삼성전자를 사지 못했나?
알고도 못 사고, 몰라서 못 사고

나는 어쩌다 배당을 받았던가?
이러려고 동학개미운동에 올라탄 건 아니었다 — 38

나는 왜 반도체를 못 알아봤나?
헛똑똑이들의 마이너스 행진 — 47

나는 왜 테마주를 못 샀나?
테마를 읽어야 돈을 벌 수 있다 — 56

2장 언니들의 속 쓰린 외환투자 이야기

4장 언니들의 눈물겨운 부동산투자 이야기

언니들의
배 아픈 주식투자 이야기

첫 장에서는 배 아픈 언니들의 주식투자 경험을 바탕으로 상장기업 주식에 투자하는 방법을 알아볼 것이다. 삼성전자부터 작은 스타트업까지 선택의 폭은 상당히 넓다. 요즘에는 해외주식도 편리하게 투자할 수 있다.

시작은 쉽다. 증권사에 직접 방문하지 않아도 요즘은 비대면으로 계좌를 개설할 수 있다. 증권사 홈페이지에서 홈트레이딩시스템(HTS)을 다운로드받거나 휴대폰으로 모바일트레이딩시스템(MTS) 어플을 깔면 된다. 그리고 은행계좌에서 해당 증권사 계좌로 돈을 입금하면 주식투자 준비 완료! 그 다음부터는 주식시장 분위기가 어떤지, 어떤 기업이 요즘 인기인지 등을 살펴가며 마음에 드는 기업의 주식을 사고팔면 된다.

방법은 쉽지만 주식투자로 수익을 내기는 만만치 않다. 시장에서 좋다고 하는 기업은 이미 사람들이 몰려가서 투자한 덕에 가격이 올라 있고, 그렇다고 초보투자자 주제에 잘 모르는 기업에 덥석 투자하기도 어렵다. 코스닥 작전주에 맛을 들였다가 상장폐지 직전에 본의 아니게 주요 주주가 되었다는 전설적인 사례도 있다. 하지만 유명한 시장의 고수들도 수익을 꾸준히 내기 어렵다고 하니 너무 겁먹지 않아도 된다. 주식시장에서 주식투자를 위해 예치된 투자자 예탁금이 50조 원을 넘어선 시대다. '개미'라고 불리는 개인투자자들의 투자도 활발하다. 주식투자로 돈을 버는 주변 사람들을 보며 배 아파할 게 아니라 소액투자에 나서보는 것도 괜찮다.

나는 왜 삼성전자를 사지 못했나?

알고도 못 사고, 몰라서 못 사고

삼성전자 한 주가 40만 원대(액면분할 전의 주가)였던 시절이 있었다. 때는 바야흐로 금융위기가 시작되었던 2008년 10월 27일, 삼성전자는 주당 40만 3천 원을 찍었다.

그때 직감적으로 알았다.

'이것은 바로바로 하늘이 주신 매수 타이밍!!'

하지만 보통 사람들은 이런 생각을 해도 바로 사지 않는다. 온갖 생각들이 머릿속을 채우기 때문이다. 나도 그랬다. '리먼브러더스 같은 큰 미국 투자은행이 망했다는데 이제 금융시장은 끝

낮어. 주가는 더 떨어질 거야. IMF사태가 다시 오지 말란 법도 없지.' 생각이 꼬리에 꼬리를 무는 사이 어느새 주가는 슬금슬금 오르고 있다.

한때 40만 원이던 삼성전자 주식은 2017년 10월에 287만 원까지 올랐다. 삼성전자 주가가 7배나 뛸 9년의 시간 동안 나는 뭘 하고 있었나. 그리고 그 삼성전자 주식이 287만 원에서 2020년 1월에 314만 원(2018년에 액면분할하며 6만 2,800원이 됨)까지 올라갔다가 현재 주당 5만 원이 될 때까지 나는 뭘 했던가.

2008년으로부터 10년이 넘는 시간이 지났다. 나는 그동안 주식형펀드도 가입하고, 스타벅스 커피를 마실 돈으로 스타벅스 주식에 투자하라는 내용의 책도 읽었다. '주식투자를 해야지.' 하지만 그때는 주식형펀드에 가입하는 게 왠지 안전해 보였다. 믿음직스러운 은행 직원의 권유도 톡톡히 한몫했다.

그렇게 주식형펀드도 가입하고, 원자재펀드도 가입했다. 누군가는 "직접 주식을 사면 되지 왜 수수료를 구태여 줘가며 펀드에 가입하냐"고 했다. 하지만 '소심한 투자자'인 나는 오히려 펀드가 마음이 편했다. 누군지는 모르지만 전문가에게 맡겨두기만 하면 되니까.

'목표주가 100만 원'이 가져온 고뇌의 시간

물론 삼성전자 주식을 사지 못했던 그날을 이따금 떠올릴 기회는 있었다. 2009년 삼성전자 주식이 100만 원을 돌파할 거라는 증권사 보고서가 나오던 때였다. 모두들 일부 증권사의 100만 원짜리 목표주가 보고서에 혀를 끌끌 찼다. 삼성전자가 100만 원이라니 너무 지른 거 아니냐고.

'목표주가 100만 원' 보고서는 고뇌의 시간을 안겨줬다. 2008년의 그날이 떠오르면서 어쩌면 이번엔 기회일지도 모르겠다고 생각했다. 그리고 또 사지 않았다.

평소 같으면 팔랑귀답게 매수하는 쪽으로 갈 법도 했지만 이번엔 반대였다. "삼성전자가 어떻게 100만 원을 가냐"고 하는 주변 사람들의 말에 고개를 끄덕이며 투자를 접었다. 그로부터 얼마 후 정말 삼성전자 100만 원 시대가 열렸다.

이내 수긍했다. 휴대폰도 삼성, 세탁기도 삼성, TV도 삼성전자를 샀으니 나는 이미 삼성의 영향권에 속해 있었다. 다만 한 가지, 삼성전자 주주가 아닌 것만 빼고. 나 같은 사람이 엄청 많을 테니 삼성전자 주가가 오르는 건 당연한 일이겠지.

100만 원을 넘은 삼성전자 주가가 늘 고공행진을 한 건 아니었다. 주가가 100만 원대에서 등락을 거듭하는 수년간 나는 또 삼성전자를 잊고 살았다.

그 후 2016년 후반부터 삼성전자 주가 그래프는 날아오르기 시작했다. 2017년 11월에 287만 원을 찍기까지 삼성전자 주가는 거침없이 올랐다. '100만 원을 가네 마네' 하던 삼성전자 주가가 200만 원이 넘다니.

이제는 사야 했다. 하지만 이제 한 주 가격은 내게는 너무나 큰 돈이었다. 삼성전자 한 주를 사기 위해 적금을 부어야 하는 게 현실이었다.

삼성전자 주식이 날아오르니 무용담도 들려왔다. 한 금융계 인사는 어릴 때 사놓은(틀림없이 몇 십만 원에 샀을 것이다!!) 삼성전자 주식을 200만 원대에 팔아서 아까워한다고 했다. 누구는 10년 넘게 직장생활하면서 삼성전자를 한 주씩 야금야금 사들여서 수억 원의 자산을 일궜다고 한다. 말로만 듣던 '삼성전자로 적금 붓기'를 직접 실천한 셈이다.

삼성전자가 250만 원대를 향하던 2017년 여름, 대통령 탄핵 이후 뇌물 수수 등과 관련해 재판을 받고 있던 이재용 삼성전자 부회장의 기사를 보게 되었다.

이재용 삼성전자 부회장이 3일 법정에서 박근혜 전 대통령과의 면담에 대해 "여자분한테 싫은 소리를 들은 것은 (그때가) 처음이라 제가 당황했던 것 같다"고 말했다. "아버님께 야단을 맞은 것 빼고는 야단맞은 기억이 없다"며 이같이 말했다.

중략

'한화보다 승마 지원이 못하다'고 말한 것에 대해선 "자존심이 상했다"고 이날 법정에서 말했다. 그러면서 "한화보다 잘하는 게 어려울 것 같지도 않고."

_ 서울중앙지법 형사합의27부 피고인 신문 관련 언론보도 내용 정리 (2017. 08)

대화 내용이 이렇게 재미있다니. 법정 진술을 전해 듣고 나는 삼성전자 주식이 갖고 싶어졌다. 재무제표나 PER이 아니라 삼성 전자 3세의 법정진술 때문에 주식을 사게 될 줄은 몰랐다.

그 후 배터리 폭발 사고로 한바탕 소란을 일으킨 갤럭시S7을 팬에디션(FE)라는 이름으로 다시 파는 삼성전자의 마케팅 능력에 반해서 휴대폰도 사버렸다.

적금을 깼다. 삼성전자 한 주를 사봤다. 주당 250만 원대였다. 그랬더니 그 녀석이 며칠 만에 270만 원대가 되었다. 달랑 한 주를 샀을 뿐인데 약 20만 원을 벌었다. '이래서 주식투자를 하라고 하는구나!'

머리 위에서 불꽃이 터지듯 깨달음을 얻는 것 같았다. 20만 원을 벌고 나니 퇴근길 발걸음이 어찌나 가볍던지. 노래를 부르면서 집으로 돌아갔다. 잠들 때까지 배실배실 웃었다. 인터넷에 보면 '삼성전자 주주가 되고 나서 삶을 대하는 태도도 달라지고, 이상하게 밝아졌다'더니 내게도 그런 현상이 찾아왔다.

삼성전자 주가 그래프도 마음에 쏙 들었다. 이 추세대로라면 왠지 300만 원도 문제없을 것 같았다. 전 세계 반도체 시장도 활황을 보이고 있다고 하고, 배당도 많이 해서 외국인투자자들도 삼성전자를 그리 좋아한다고 하니 이 얼마나 바람직한 투자인가.

차익실현을 했으니 기회를 봐서 또 사야겠다 싶었다. '주식은 역시 삼성전자야!'라며 또 샀다. 10만 원만 벌고 싶다는 작은 소망을 가졌다. 이번엔 270만 원대였다. 하지만 삼성전자는 300만 원을 갈 주식이니까 사둘 만하다고 믿어 의심치 않았다.

도토리를 잊었다가 참나무로 키워내는 다람쥐처럼

그 후 삼성전자는 280만 원대에 고점을 찍고 내려왔다. 마이너스 30만 원 정도였지만 참을 만했다. 300만 원을 갈 주식이라는 믿음이 있으니까.

'그래. 투자는 믿음이지. 수익을 크게 보려면 주식을 사고 나서 잊어야지.' 가을에 묻어놓은 도토리를 잊어버렸다가 참나무로 키워내는 다람쥐처럼 굴어야 한다. 진정한 고수는 2~3배 수익 정도에는 팔지 않는다. 미래를 보고 투자하는 것이다. 그렇게 못할 거면 투자를 해놓고 어디 감옥에 들어가 있거나 군대를 가거나 유학을 가서 주식을 팔지 못할 상황이 되던가 해야 한다고 누군가가 식사 자리에서 우스개처럼 말했다. 나는 고개를 마구 끄덕거렸다.

그런데 주가가 고점을 찍고 좀처럼 다시 오를 기미를 보이지 않았다. 하늘 높은 줄 모르고 뛰고 있던 뉴욕 다우종합지수가 조정을 받는다는 소문이 돌기 시작했다. 어렵게 산 삼성전자 주식을 이렇게 팔아야 하는 건가.

한숨을 쉬고 있던 어느 날, '배 아픈 언니들' 세 명이 함께 커피를 마시고 있는데 휴대폰에 뉴스 한 줄이 떴다.

<긴급> 삼성전자 50:1 액면분할

액면분할? 그것은 주식을 쪼갠다는 말 아니야? 그러니까 내 명품백 같은 삼성전자 주식이 5만 원 짜리가 된다고? 머릿속이 정리가 되지 않았던 그때 '배 아픈 언니들'이 박수를 치며 말했다.

"와! 주식 한 개가 50개 된 거 아니예요? 축하드려요."

우울해하던 나는 뭣도 모르고 또 배실 배실 웃었다. '그래! 한 개보다 50개가 낫겠다. 액면분할이 어찌 되는 줄은 모르겠지만 어떻게든 되겠지' 하면서. 그러나 내가 무슨 일을 당한 것인지는 알아야겠기에 액면분할을 공부하기도 했다.

액면분할이란 무엇인가?

액면분할은 고액의 주가를 작게 분할하는 것을 의미한다. 즉 250만 원짜리 주식을 50 대 1로 액면분할하게 되면 주당 5만 원이 되는 셈이다.

2018년 5월 삼성전자의 액면분할 결정 이후 언론에서 가장 많이 나온 이야기는 '황제주에서 국민주로'라는 내용이었다. 250만 원일 때는 일반 주식투자자들이 쉽게 사기 어렵다. 하지만 5만 원일 때는 누구나 쉽게 투자를 결정할 수 있다. 그만큼 투자자들이 늘어날 것으로 기대되면서 자연스럽게 유동성도 커지고, 주가도 높일 수 있다.

하지만 이 경우는 회사의 펀더멘털이 우수하다는 전제하에서 예상할 수 있는 시나리오다. 만약 회사의 상황이 나빠질 수 있다는 인식이 생기면 이야기가 달라진다. 일반인들이 유입될 수도 있지만 반대로 희소성이 떨어질 수 있다. 250만 원짜리 명품백 브랜드가 5만 원 짜리 가방을 만든다면 사는 사람은 많아지겠지만 과거와 같은 수준의 평가를 받기는 어려울 수 있다.

삼성전자가 액면분할을 발표했을 때 외국인과 기관투자자들이 일제히 주식매도에 나선 것도 같은 맥락이다. 큰손들이 주로 사던 주식을 이제 개미투자자들도 살 수 있다는 점은 그런 리스크를 갖는 셈이다.

액면분할된 삼성전자 주식의 미래는 알 수 없다. 초반의 예상대로 승승장구해서 개인투자자들의 알짜 재산이 될 수도 있다. 삼성전자 주식은 '아무나 살 수 없던' 주식에서 '누구나 가질 수 있는' 주식이 되었다. 이처럼 좋아진 접근성은 훗날 개미투자자들의 대규모 매수를 불러오게 된다.

반대로 가격이 낮은 주식을 합쳐 단위를 높이는 것을 액면병합이라고 한다. 이 경우 주식 수가 줄어들고, 액면가는 높아진다. 자연히 주당가격이 올라간다. 액면병합은 주로 1천 원 이하의 주식에서 하는 경우가 많은데 이때 '동전주' 꼬리표를 뗄 수 있다. 즉 싸고 흔한 주식이라는 인식을 벗고, 투자자들의 거래 규모가 커지는 장점이 있다.

나는 어쩌다 배당을 받았던가?

이러려고 동학개미운동에 올라탄 건 아니었다

신종 코로나바이러스 감염증(코로나19)이 온 세계를 휩쓸었다. 미국 다우지수가 하루에 10% 넘게 빠지는 등 주식이 모두 추풍낙엽처럼 떨어지던 2020년 3월이었다. 한국이라고 무사하지는 않았다. "올해는 주식투자가 답"이라며 모든 금융기관이 "주식 Buy"를 외쳤지만 코스피는 이를 비웃기라도 하듯이 수직낙하했다.

개미들은 2008년 금융위기에서 얻은 교훈이 있었다. 주가가 갑자기 하락할 때가 바로 매수 기회라는 것을. 나 역시 2008년 주가가 급락할 때 지구 종말이 올 것만 같은 공포에 매수하지 못하고 뒤늦게 입맛만 다셨던 경험을 떠올렸다. 코스피 2,000이 무너지면 무조건 사야 한다. 나는 먹잇감을 찾는 하이에나처럼 기회만을 노리고 있었고, 코스피는 기어이 1,900대로 내려왔다. 그리고 나는 배운 대로 삼성전자를 분할매수하기 시작했다.

삼성전자는 한국을 대표하는 대형주다. 삼성전자가 망하면 나라가 망한다는 믿음도 있다. 삼성은 이미 글로벌기업이기 때문이다. 심지어 삼성전자는 액면분할했기 때문에 매수하는 데 부담도 없었다. 한 주에 5~6만 원이면 살 수 있었다. 이보다 더 접근하기 편하고 안전한 자산이 있을까 싶었다. 게다가 한 주에 5만 원 부근까지 내려왔다.

아무리 주가가 빠진다고 해도 5만 원보다 낮아지면 무조건 저평가라는 생각이 돌고 돌아 믿음이 되었다. 나는 손가락이 시키는 대로 매수 버튼을 눌렀다.

개미동지들의 집단 지성

나만 그런 건 아닌 듯했다. 10년에 한 번 올까 말까한 기회를 놓치지 않으려는 동지들이 넘쳤다. 개미들은 그 많은 주식 중에서 왜 삼성전자인지는 모르겠지만 다들 삼성전자를 샀다.

돌이켜 생각해보면 바이오나 테마주를 샀어도 됐을 텐데 왠지 모를 공포가 있었던 것 같다. 주식을 투자하겠다면서도 무의식중에 안전한 주식을 고르고 있었다. 내 주변에도 삼성전자 주주가 기하급수적으로 늘어났다. 경험에서 우러나온 개미의 집단 지성인 셈이었다.

하지만 전염병은 개미의 자산증식을 응원해주지 않았다. 외국인의 코스피 매도는 폭풍처럼 몰아닥쳤다. 개미의 끊임없는 매수에도 불구하고 외인 매도 앞에 추풍낙엽이었다. 코스피는 그렇게 1,900이 무너졌고 프로그램 매도 효력이 5분 동안 정지되는 사이드카가 발동되었다. 코스피의 사이드카 발동은 8년 여 만의 일이었다. 다음 날은 더 가관이었다. 주가가 하락할 때도 지지선이라는 게 있어야 할 텐데, 차트를 보니 떨어지는 칼날의 모습이 이런 건가 싶었다. 무서웠다. 하지만 공포를 극복하고 또 매수했다.

개미들은 칼날을 보면서도 무섭게 달려들었다. 신용을 끌어다 바친 동지들도 많았다. 유럽과 뉴욕증시에 크게 연동되었기 때문에 잠 못 이루는 밤이 이어졌다. 동지들은 집에서도 유럽 증시와 뉴욕증시 상황을 서로 알려주는 등 긴밀하게 움직였다. 다우지수가 큰 폭으로 움직일 때마다 잠을 설치고, 다크 서클이 턱까지 내려온 채로 출근했다.

어르신 개미들도, 젊은 개미들도 주식 매수에 동참했다. 3월에 신규 주식계좌 수가 크게 늘었다고 했다. 일부 어르신 개미들은 삼성증권에서만 삼성전자를 살 수 있는 줄 알고 삼성증권에 가서 계좌를 개설했다는 했다는 우스갯소리도 들렸다. 우리 엄마도, 옆집 어머님도 돈 있으면 주식을 사는 게 어떻겠냐고 했다.

가만 보자, 객장에 주부가 등장하면 꼭지라고 했는데 문득 무서워졌다. '나라가 망하면 어쩌지'라는 생각이 들었다. 남은 돈도 얼마 없었다. 나도 신용의 대열에 합류하거나 월급날까지 기다려야 했다. 원래 계획은 코스피 1,500에서 한 번 더 살 생각이었다. 하지만 그동안 꾹꾹 눌러왔던 공포가 머리끝까지 올라왔다.

전문가들은 코스피가 1,100까지도 내려갈 수 있다고 했다. 2008년 금융위기 당시에 1천 포인트가 무너졌던 것과 비교하면서 그 레벨까지도 갈 수 있다고들 했다. 갑자기 주식을 팔고 싶어졌지만 이미 물렸다. 손실을 보고 팔거나 장기 투자의 길로 접어들거나 내 선택지는 둘 중 하나였다. 나에게 행복한 선택지는 없었다.

'그래, 어차피 지금은 돈도 없다. 다음 매수 레벨은 1천 포인트다.' 그때는 나도 신용을 끌어다가 매수를 하겠다며 어금니를 물었다. 5만 원대에 샀던 내 삼성전자는 4만 2천 원선까지 떨어졌다. '하지만 괜찮다. 삼성전자니까. 삼성전자로 물리면 증여하면 된다. 나는 삼성전자 주주니까 가전제품도 다 삼성으로 바꿀 거야'라면서 밑도 끝도 없는 주주의 뜨거운 마음이 올라왔다.

모두가 기다리는 레벨은 오지 않았지만

안타깝게도 모두가 기다리는 레벨은 오지 않는다. 코스피는 빠른 속도로 1,500선이 무너졌지만, 각 나라가 엄청난 규모의 돈을 풀고 금융시장 붕괴를 막을 것이라는 믿음이 커지면서 다시 급반등했다.

나는 물타기에 실패했다. 월급이 들어왔지만 코스피 1,500대를 봤던 나는 다시 매수하기가 꺼려졌다. 차익실현을 할 수도 없었다. 너무 일찍 들어간 탓에 애매한 손실 구간에 있었기 때문이었다.

그런데 어느 날 '배당시즌 도래'라는 기사가 눈에 들어왔다. 배당? 명색이 기자인 내가 배당이 뭔지 모르는 건 아닌데 배당을 주는 주식을 가져본 적이 없었다. 아니면 배당시즌에 주식을 들고 있지 않았을 수도 있다. 어쨌든 나는 배당을 받아본 적이 없었다. 하지만 이번엔 달랐다.

비록 얼마 안 되지만 나는 삼성전자 주주다. 삼성전자는 분기별로 배당을 지급하고 있고, 배당 기준일은 3월이다. 어쩌다 보니 나는 3월 말 기준 삼성전자 주주가 되어 있었다. 의도한 건 아니었지만 배당주를 갖게 된 셈이었다. 비록 평가로는 손실이지만 공돈이 들어온 것처럼 괜히 기분이 좋았다.

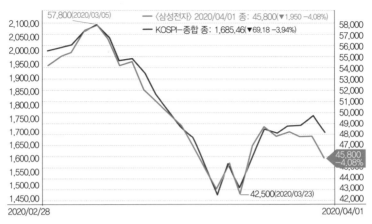

삼성전자와 코스피 주가 추이

57,800(2020/03/05)
— 〈삼성전자〉 2020/04/01 종 : 45,800(▼1,950 −4.08%)
— KOSPI-종합 종 : 1,685.46(▼69.18 −3.94%)

45,800
−4.08%

42,500(2020/03/23)

2020/02/28　　　　　　　　　　　　　　　　2020/04/01

출처 : 연합인포맥스

2020년 3월 동학개미운동이 한창이던 때, 동학개미가 대거 몰려들었던 삼성전자는 코스피의 상승 폭을 따라가지 못했다. 코스피는 3월 한 달 11.69% 하락했지만 삼성전자는 14.58% 빠졌다.

외국인은 2020년 3월 한 달 동안 삼성전자를 4조 9,334억 원어치 팔았다. 개인은 4조 9,587억 원어치를 사들였다. 삼성전자는 2020년 3월 14.58% 하락했다. 같은 기간 코스피는 11.69% 내렸다. 나는 이번 변동성 장세에서 지수 대비 수익률이 좋지 않았던 셈이었다.

배당을 받았으니 얼른 삼성전자가 내 평균매수단가보다 더 높아지면 팔고 싶다. 두 번째 전염병 위기가 온다던데, 그때를 대비해서 총알을 장전하고 기다리겠다.

더 알아보기

배당이란 무엇인가?

배당은 기업이 이익이 날 때 기업의 주인인 주주에게 이익의 일부를 나누는 행위다. 경영학에서 기업의 설립 목적은 이익을 극대화하는 것이다. 기업 가치가 높아지면 주가가 오르고, 기업의 주인인 주주의 가치가 높아지게 된다. 주주 입장에서는 기업의 이윤추구로 동반되는 주가 상승뿐만 아니라 기업이 실제로 벌어들인 금액의 일부를 돌려받음으로써 기업과 이익을 공유하게 된다.

배당금은 기업이 한 주당 얼만큼 배당을 할지 정한 금액이고, 배당주는 말 그대로 배당을 주는 주식을 의미한다. 어떤 기업은 이익을 주주와 많이 공유하기도 하고, 어떤 기업은 이익을 새로운 사업에 투자하는 자금 등으로 사용할 수 있다. 배당을 많이 주는 주식을 고배당주라고 부른다.

대부분 한국 기업은 통상 매년 한 차례 배당을 실시하고, 어떤 기업은 6개월에 한 번씩 배당을 주기도 한다. 삼성전자의 경우 분기마다 배당을 한다.

배당주는 주기적으로 주주들에게 배당을 지급하기 때문에 통상 다른 주식을 소유하는 사람들보다 장기로 주식을 투자하는 사람들이 많다. 주당 10%가 넘는 배당을 지급하는 경우 통상 '고배당주'라고 부른다.

주식은 언제든지 사고팔 수 있기 때문에 배당을 누구에게 지급해야 하는지에 대한 문제가 생긴다. 그래서 기업은 기업이 지정한 날 기준 주주로 등록되어 있는 사람에게 배당을 지급한다. 배당주는 기업이 지정한 날(배당 기준일)에 주식을 소유하고 있어야 배당을 받을 권리가 생긴다.

배당을 주는 주식을 소유했더라도 배당 기준일에 주식을 가지지 못한 사람은 배당일이 되더라도 배당을 받지 못한다. 주주 입장에서는 배당일에 배당을 받을 권리가 사라지게 되고, 기업 입장에서는 배당금에 해당하는 만큼 기업의 현금이 사라지면서 기업 가치가 그만큼 줄어들게 된다. 이런 상황을 반영해 주가가 기업가치와 배당 받을 권리만큼 떨어지는 것을 배당락이라고 한다.

동학개미운동이란 무엇인가?

동학개미운동은 인터넷에서 유래된 용어다. 2020년 신종 코로나바이러스 감염증(코로나19)에 따른 주가 연쇄 하락에 외국인 주식 자금이 대거 빠져나간 자리를 개인이 적극적으로 매수한 행태를 동학농민운동에 비유해 표현했다.

2020년 3월 주가가 큰 폭으로 하락할 때 삼성전자를 포함한 대형주를 개인투자자가 대거 사들였다. 개인이 증권계좌에 넣은 예탁금은 2월 20조 원대에서 3월에는 약 45조 원으로 역대 최대치를 기록했다.

정부는 이른바 '동학개미'로 불리는 개인투자자의 매수에 감사를 표시하기도 했다. 2020년 4월 2일 손병두 금융위원회 부위원장은 "최근 개인투자자들이 적극적으로 매수에 나서 개인 누적순매수 규모가 22조 원에 이를 정도로 증가했다"며 "우리 기업에 대한 애정과 주식시장에 대한 믿음을 가지고 적극 참여해주신 투자자 여러분께 감사의 말씀을 드린다"고 말했다.

나는 왜 반도체를 못 알아봤나?

헛똑똑이들의 마이너스 행진

2017년은 주식의 해였다. 주식을 가진 자들은 "이번에는 다르다"며 뻔한 구호들을 외쳤다. 주식을 가지지 않은 자들은 "그래봐야 박스피다"며 주식 상승에 코웃음을 쳤다.

나는 후자였다. 여기저기서 경제가 좋아지고 있다고 했지만 내 월급은 오르지 않았고, 열심히 일은 하는데 자꾸만 지갑은 얇아지다 못해 마이너스만 늘었다.

한국은행에서는 자꾸만 경기가 좋아진다고 했다. 나는 믿을 수 없었다. 주변 사람들에게 물었다. 경기가 좋아지는 것 맞냐고. 다들 하나같이 고개를 저었다.

그들은 나름 서울의 명문 대학을 나와서 금융권에서 경제를 분석하거나 채권을 운용하는 사람들이었다. 지성인이다. 지성인들은 지표와 실물의 괴리가 크다고 입을 모아 말했다. 괴리는 결국 어느 한 쪽으로 수렴하기 마련이다. 나는 그 괴리가 결국 다시 우리나라 경제지표가 고꾸라지는 쪽으로 수렴할 거라고 굳게 믿었다. 지난 수년 동안 경제는 좋아질 거라는 믿음만 있었지, 좋아진 적이 없었다.

백화점에서 경기 시그널을?

날이 화창한 2017년 5월이었다. 그날도 지인을 만나서 점심을 먹고 있었다. 어김없이 경제 얘기가 나왔다. 그도 경제 회복을 체감하기 어렵다는 말에 동의했다. 그런데 그 이후에 그는 한 마디를 더 했다.

"저는 사실 잘 모르겠는데, 신세계백화점 가보셨어요? 거기 사람들이 엄청 많아졌어요. 중국 사람들이 안 오니까 한국인들이 줄을 서 있더라구요."

2017년에는 사드(THAAD, 고고도 미사일 방어 체계)이슈에 중국

48

이 한한령을 내렸고, 중국의 입국자 수가 절반 수준으로 줄어들었다. 그런데도 백화점에 사람이 많다는 얘기였다.

아, 그 얘기를 들은 게 신호였다는 걸 알았어야만 했다. 하지만 우리 둘은 경기가 좋거나 나쁘거나 백화점에서 물건 사는 사람들은 늘 백화점을 좋아한다고 치부해버렸다. 날이 갈수록 부익부빈익빈은 심해지니까.

이주열 한국은행 총재는 그 다음 달인 6월, 작심발언을 했다. 경기가 너무 좋아져서 금리를 올릴 수도 있다고 '시그널'을 보냈다. 나는 그걸 또 열심히 기사로 썼다. 경기가 좋아지고 있다고, 한국은행이 금리를 올리면 우리 경제에 이런 저런 파장이 있을 거라고. 일은 열심히 했지만 경기회복을 체감하지 못한 나는 이런 시그널을 투자에 활용할 생각은 전혀 하지 못했다.

2017년 11월, 한국은행은 기어이 금리를 올렸다. 금리를 올릴 정도로 경제가 좋았다는 얘기다. 그제서야 나는 주식시장을 들여다봤다. 경기가 좋으면 주식시장이 좋은 건 당연했다. 코스피가 박스피를 뚫고 사상 최고치를 향해 질주하고 있었다. 삼성전자와 SK하이닉스는 사상 최대 실적에 최고가 행진을 기록하고 있었다. 주식은 들여다보지도 않겠다고 다짐했지만 그래도 쓰린 속은 어찌할 수가 없었다.

반도체 업황을 미리 알 수 있다면

그즈음이었나 보다. 경제학 박사인 한 임원과 만나 삼성전자 이야기를 나눴다.

"삼성전자 주가 보셨어요? 전 정말 올해 주식이 이렇게 날아갈 줄 몰랐어요. 이거 참 주식 없는 사람은 서러워서 못살아요."

"사실 저는 반도체 업황이 좋을 거라는 걸 작년 말부터 알았습니다."

'알았다니! 이분을 좀더 일찍 만났어야 했어!'라는 후회가 물밀 듯이 밀려왔다. 주기적으로 만나는 사람이지만, 좀더 일찍 이 얘기를 들었으면 삼성전자든 하이닉스든 뭐든 사지 않았을까 하는 미련이 남았다.

"한국은행에서 발표하는 기업경영분석 있잖아요. 그거 보면 작년 하반기부터 반도체 업종 실적이 돌아서더라구요. 긴가민가했는데 2017년에는 플러스로 돌아서서 경제가 좋아지겠구나를 확신할 수 있었죠."

2016년 하반기부터 반도체 업황지수가 돌아서기 시작했다는 것이 경제학 박사가 본 이유였다.

그 말을 듣고 '그때 어땠더라' 생각을 되짚었다. 그런데 막상 반도체를 떠올리려니 생각이 나지 않았다. 내 마음속에는 경제가 살아나고 있다는 신뢰할 만한 데이터보다는 과거의 경험에 떠밀려서 경기는 살아나지 않을 것이라는 미신 같은 믿음이 앞섰고, 데이터조차도 신경 써서 보지 않았다. 그러다보니 기억이 날 리가 없었다.

어쨌거나 내 귀는 팔랑귀라는 사실을 부인할 수 없었다. "이런 자료에 좋은 내용이 있으니 보세요"라는 말이 어쩌면 평생을 재테크 할 수 있는 나침반이 될 수 있는 명언이었을 텐데, 누군가가 "이 주식이 좋습니다"라고 말하는 것에 더 솔깃했다.

그리고 난 이미 예전에도 어떤 사람이 "이 주식 좋아요"라고 말한 걸 덜컥 사서 후회를 한 적이 있다. 그 사람이 그 업종이나 기업의 전문가인지 확인하지도 않고 말이다. 이성을 갖고 객관적으로 판단한다면 모르는 사람이 하는 말을 듣는 것보다 공신력 있는 기관에서 내놓는 자료를 보는 게 더 믿음직하고 안전한데도 말이다. 이런 건 말하는 게 입 아플 정도로 당연한 건데 나는 그 당연한 걸 못하고 있었다.

하지만 또 나의 투자패턴을 돌이켜보면 어렵고 복잡해 보이는 자료를 보고 공부하는 것을 매우 귀찮고 성가시게 여겼다. 누가 나에게 "이 주식을 사면 하늘에서 돈이 떨어집니다"라고 말해주거나 돈을 떠먹여주기를 바라는 심보다. 그러니 로또를 사듯이 주식을 사고 운이 좋으면 주가가 올라 돈을 벌고, 운이 나쁘면 투자금을 잃게 된다. 그게 바로 나였다.

　주식투자의 성패는 반반인 확률을 수익을 낼 쪽으로 끌어올리는 게 관건이다. 하지만 많은 사람들이 나처럼 '묻지마 투자'를 한다. 종목을 콕 집어서 말해줄 사람을 찾고, 그 사람의 말을 맹신한다. 마치 점을 보러 다니듯이 불확실한 미래에 대해 누군가가 속 시원히 말해주길 바라는 마음일까.

　일반인에게도 공개되는 이런 자료를 보면서도 주식을 사야 할 생각을 못 했던 그분이나, 그 자료를 기사로 쓰면서도 이게 어떤 의미이고 내 삶에 어떤 변화를 가져올지 한 번 더 생각하지 못했던 나나, 우리는 모두 헛똑똑이였다.

기업경영분석이란 무엇인가?

한국은행은 매 분기별로 '기업경영분석'이라는 자료를 내고 있다. 기업경영분석은 투자자와 금융기관, 경영자 등 기업과 관련한 이해관계자들이 합리적인 의사결정을 내리는 데 도움이 되기 위해 계량적·비계량적 정보를 이용해서 기업의 경영 성과와 재무상태를 종합적으로 평가하는 것을 말한다. 원래 기업경영분석은 은행과 같은 금융기관이 거래하는 기업의 신용상태를 파악하기 위해 재무제표를 분석하던 데서 비롯되었다.

주식투자하는 사람들은 기업의 재무제표를 보겠지만, 한은이 내놓는 기업경영분석은 국세청 법인세 신고대상법인의 신고자료에 첨부되는 자료를 이용해 모집단집계방식으로 수십만개의 비금융영리법인기업을 대상으로 작성된다. 우리나라 전체 기업의 업종별, 기업 규모별 합산 재무제표와 경영분석지표를 포함하는 광범위한 정보를 볼 수 있다.

기업경영분석 자료는 기업 실적이 나온 한참 후에 나온다. 가령 2분기 실적이 발표되기 직전인 6월에 1분기 기업경영분석이 나오는 식이다. 주가의 선행성을 고려하면 기업경영분석이 뒷북일 수 있지만, 큰 트렌드는 한번 형성하면 그 분위기가 단기간에 반대방향으로 움직이기 어렵다. 기업경영분석은 주식투자자라면 경제와 산업 트렌드를 점검하는 차원에서 꾸준히 봐야 할 중요한 자료 중 하나다.

기업경영분석은 크게 성장성, 수익성, 안정성의 세 부문으로 나눠서 분석 결과를 올린다. 성장성을 나타내는 지표로는 매출액증가율과 총자산증가율을 사용하고 있고, 수익성은 매출액영업이익률과 매출액세전순익률을 통해 알 수 있다. 안정성은 부채비율과 차입금 의존도 지표를 사용한다.

기업경영분석은 보기 쉽게 설명되어 있다. 지난해와 비교했을 때 숫자가 어떻게 변했는지를 보여주고, 숫자의 변화가 의미하는 것도 설명을 해준다. 또한 제조업과 비제조업을 나눠서 보거나 대기업과 중소기업을 따로 떼서 볼 수 있게 표도 잘 구성되어 있다.

한국은행 기업경영분석

영리법인의 주요 경영성과지표 (%)

		2017	대기업	중소기업	2018	대기업	중소기업
성장성	매출액증가율	9.2	7.9	11.0	4.0	2.7	3.2
	총자산증가율	7.6	5.7	11.5	5.8	3.3	10.2
수익성	매출액영업이익률	6.1	7.6	4.0	5.6	7.2	3.5
	매출액세전순익률	6.1	7.8	3.6	5.3	6.8	3.1
안정성	부채비율	114.1	95.5	163.2	111.1	92.1	159.5
	차입금의존도	28.8	24.4	37.6	28.8	23.8	38.2

주요 성장성지표

(%)

	매출액증가율		총자산증가율		유형자산증가율	
	2017	2018	2017	2018	2017	2018
전 산 업	9.2	4.0	7.6	5.8	6.7	5.4
제 조 업	9.0	4.0	6.5	5.1	7.1	5.0
(식 료 품)	3.5	5.5	12.5	8.6	6.9	8.2
(코크스 · 석유정제품)	27.9	23.1	5.5	3.0	6.9	6.7
(화 학 물 질 · 제 품)	11.0	9.8	7.3	6.3	3.8	5.3
(고 무 · 플 라 스 틱)	4.0	1.4	5.0	4.9	7.0	4.3
(1 차 금 속)	14.9	3.5	2.8	1.0	−1.7	−2.7
(금 속 가 공 제 품)	5.2	1.4	5.8	5.3	4.9	4.4
(전자 · 영상 · 통신장비)	20.4	3.4	14.5	9.3	25.0	11.8
(전 기 장 비)	10.7	4.7	6.7	6.1	6.1	7.9
(기 타 기 계 · 장 비)	15.4	−0.1	6.8	4.1	5.3	4.4
(자 동 차)	−0.9	0.2	2.4	1.5	2.9	0.6
비 제 조 업	9.3	4.0	8.4	6.3	6.3	5.8
전 기 가 스 업	3.2	7.8	2.7	3.2	3.8	2.4
건 설 업	10.3	−0.5	5.9	3.3	−0.9	6.7
서 비 스 업	9.7	4.9	10.0	7.4	7.7	6.8
(도 매 · 소 매)	10.3	5.3	8.2	6.6	6.6	6.8
(운 수 · 창 고)	4.2	5.8	5.6	3.3	4.7	3.5
(정 보 통 신)	7.2	3.9	10.9	9.5	0.1	2.2
(부 동 산)	15.1	−0.2	11.8	8.3	16.8	11.5
대 기 업	7.9	2.7	5.7	3.3	4.9	3.2
제 조 업	9.7	4.6	6.3	4.7	7.3	4.4
비 제 조 업	6.0	0.6	5.2	2.3	2.9	2.1
중 소 기 업	11.0	5.9	11.5	10.9	10.4	10.2
제 조 업	7.7	2.8	6.9	6.2	6.8	6.4
비 제 조 업	12.9	7.6	14.3	13.5	13.4	13.1

출처 : 한국은행

한국은행 기업경영분석은 외부감사를 받는 수십만개의 기업의 계량적 · 비계량적 정보를 이용해서 성장성, 수익성, 안정성 등 기업의 주요 경영성과와 재무상태를 평가하는 자료다.

나는 왜 테마주를 못 샀나?

테마를 읽어야 돈을 벌 수 있다

세상에는 수많은 테마주가 존재한다. 투자자가 그 테마에 적절히 올라타면 테마를 달고 훨훨 날 수 있고, 테마를 잘못 타면 하늘에서 고꾸라지며 지옥을 맛보는 일도 어렵지 않게 경험할 수 있다.

하지만 테마 보기를 돌같이 하는 성향 때문에 내 곁을 스쳐 지나간 수많은 기회를 생각하면 눈물이 앞을 가린다.

마스크! 아, 마스크!

　나는 유행에 민감한 편이다. 얼리어답터까지는 아니어도 유행에 무심하지는 않다. 적어도 유행의 중간 정도는 따라가는 것을 목표로 한다.

　신종 코로나바이러스 감염증으로 전 세계가 떠들썩해지기 전이었다. 2020년 1월 23일 한국에도 신종 코로나바이러스 감염증 환자가 본격적으로 등장했다. 유행을 캐치하는 촉이 발동하면서 본능적으로 마스크를 사야 한다고 생각했다.

　하지만 불행하게도 바로 연휴였고 가족들과 갈비찜을 먹고 뒹굴거리면서 밀린 영화를 보기 바빴다. 연휴 마지막 날이 되고 출근을 앞두고 있으니 다시 걱정병이 올라왔다. 왠지 마스크를 사둬야 할 것 같았다. 어차피 3월부터는 황사가 몰아닥칠 테니 미리 사두는 것도 나쁘지 않을 것 같았다.

　웹 검색으로 열심히 마스크를 알아봤다. 한 개에 600원 하던 마스크가 800원이 되어 있었다. 너무 비쌌다. 마스크를 사야 하나 말아야 하나를 수없이 고민하다가 연휴 후 첫 출근길에 개당 800원에 100개 구매 버튼을 눌렀다.

　그 이후 며칠이 지나지 않아 마스크는 동이 났고, 나 역시 인터넷으로 마스크를 추가 구매하지 못했다. 지금 생각해보면 개당

800원은 참 저렴한 가격이었다. 마스크를 나름 싸게 샀다며 "알뜰한 살림꾼"이라는 소리를 들었다. 그리고 뿌듯함을 주체하지 못했다.

2월 한 달은 마스크를 구하는 게 하늘의 별 따기였고, 마스크 가격은 개당 5천~6천 원까지도 올라갔다. 그나마도 그 돈을 주고 구할 수 있으면 참 감사한 일이었다. 마스크 대란을 타고 마스크 관련주도 승천했다. 언론에서는 연일 마스크 관련주를 보도했고, 마스크 필터 등을 생산하는 업체 이름이 상한가로 오르내리기도 했다.

내가 마스크를 일찍 쟁여두는 그 안목으로 돈 벌 생각을 했다면 테마주에 관심을 가졌을 텐데, 나는 왜 집에 쌓여 있는 마스크를 보면서 내 주식계좌에 마스크 관련주를 쌓아두지 않았을까 후회가 밀려왔다.

하지만 이런 일은 한 번이 아니다. 나는 소비하는 데 누구보다도 강한 집중력과 집착을 보이지만 돈을 벌기 위한 집중과 집착은 여기에 한참 못 미친다.

나를 울린 탈모 샴푸와 터닝메카드

'꼭꼭 감아라. TS로 감아라.'

어쩐지 묘하게 자꾸 맴도는 광고 중 하나가 TS샴푸였다. 나는 탈모 걱정은 없어서 '웃긴 광고네' 하고 대수롭지 않게 넘겼다.

탈모로 고생을 하고 있었더라면 TS샴푸가 괜찮은지 지푸라기를 잡는 심정으로 검색이라도 해봤을 텐데, 나에게 TS는 그저 귓등으로 듣고 넘기는 신박한 광고로만 여겨졌다. 돈을 벌기 위해서는 뉴스뿐만 아니라 광고에도 관심을 가져야 한다고 하던데, 나는 진짜 돈과는 인연이 없나보다.

탈모에 대한 관심 연령대가 점점 낮아졌다. 특히 중년 남성에게 있어 탈모는 심각한 고민이다. 30대 후반으로 달려가는 내 주변에도 탈모로 고생하는 친구, 후배들이 속속 눈에 띄고 있었다. 선배들은 말할 것도 없다. 신문에서도 여성 탈모에 대한 이야기가 나올 정도로 사례가 많아졌지만 나는 탈모 관련주에 전혀 신경도 쓰지 않았다.

탈모를 치료할 수 있으면 노벨상을 받을 것이라는 말이 나올 정도로 치료가 어렵다고 한다. 그랬기에 내게 탈모 광고는 사기 정도로 인식되어 있었다. 굳이 탈모에 관심을 갖지 않은 구차한 변명을 대자면 그렇다는 것이다.

그날도 평범한 아침이었다. 커피를 한 잔 마시면서 시장 동향을 파악하고 있었다. 동향이라고 해봐야 시시껄렁한 얘기들, 날이 너무 춥다는 둥, 금융권에서 일해봐야 40대면 잘리는데 뭐해먹고 사냐는 둥 그런 이야기들이 오갔다.

"이야, 탈모닷컴 장난 아니네."

이 메신저 한 줄이 뜨고 난 후 1분 가량 적막이 흘렀다. 예상하건대 다들 탈모닷컴이 뭔지 검색을 하고 있었으리라. 나도 그랬다. 이름만 보고는 웃으려고 준비를 했지만 검색 결과는 매우 충격적이었다.

탈모닷컴. 284610 코넥스. 7거래일 연속 상한가

'으잉? 세상에 이런 차트가 다 있나' 싶었다. 상한가만 주구장창 이렇게 찍은 걸 내 눈으로 본 게 언제였더라. 기억을 더듬어봐야 본 적도 없었던 것 같고, 매수한 적은 더더군다나 없었다. '도대체 뭐하는 회사야' 하고 찾아봤더니 바로 '저 광고 재밌군' 했던 그 TS샴푸 만드는 회사였다. 할 말을 잃게 만드는 주가 흐름이었다.

놀란 가슴을 진정시키고, 가지지 못한 것을 부러워하지 말라며 정신승리를 외치고 있다가 '배 아픈 언니들'에게 이야기했다.

TS트릴리온 2017년~2018년 주가 흐름

탈모닷컴으로 코넥스에 상장되었지만 이름을 TS트릴리온으로 변경했다. 탈모닷컴은 코넥스에 상장하자마자 16거래일 연속 상한가를 기록했다.

"오늘 금융시장의 핫이슈는 탈모닷컴입니다."

그저 이런 것도 있다고 하고 싶었는데 반응은 달랐다. 문어발 선배가 "이 샴푸, 우리집에 있는데…"라며 말끝을 흐렸다. 내가 생각했던 그 스토리가 아니었다. 그 샴푸를 쓰는 사람이 바로 내 옆에 있을 줄은 상상도 못했다.

TS샴푸 후기를 찾아봤다. 호평이 쏟아졌다. 매출도 어마어마했다. 탈모닷컴 주가가 상한가를 찍을 만했다. 탈모닷컴은 16거래일 연속 상한가를 찍고서야 조정을 받았다. 내가 소식을 들은 이후에도 8거래일이나 더 올랐다.

신년회 모임에서 이 슬픈 사례를 소소하게 풀고 있었는데 이야기를 듣던 지인이 조용히 입을 뗐다.

때는 2015년. 그는 크리스마스를 앞두고 휴가를 냈는데 이유는 마트에 가서 줄을 서야 했기 때문이었다. 산타할아버지에게 크리스마스 선물로 터닝메카드 신상품을 달라고 기도했던 아들의 소원을 들어주기 위해서였다. 이런 걸로 왜 휴가를 내야 하냐고 했지만, 아내는 강경했다.

"이거 사려고 엄마들이 마트 문 열기 전부터 줄을 서 있다고!"

그렇기 때문에 둘이 같이 가야 한다는 말이었다. 마치 007작전을 수행하듯 부부는 각각 다른 마트에 자리를 잡았다. 마트 문을 열기 전에 이미 줄을 서 있는 엄마 아빠들이 꽤 많았다. 다들 같은 사연으로 왔으리라.

마트 문이 열리는 순간, 사람들은 기다렸다는 듯이 완구 코너로 달려갔다. 그도 그 대열에 합류해서 터닝메카드 신상을 구입했다. 자랑스러운 아빠이자, 최고의 산타클로스가 된 건 덤이고 왠지 모를 뿌듯함이 있었다.

알차게 하루 휴가를 보낸 후 복귀했는데 기사 하나를 발견했다. 터닝메카드에 대한 기사였다.

너무한 터닝메카드 웃돈 장사…'성탄절 등골브레이커'
온라인·중고 사이트서 정상가 두 배 이상으로 거래

"맞아, 맞아" 하면서 무릎을 치고 공감을 했다. "너무했지." 손오공(터닝메카드 판매업체)의 상술이 심하다고 옆 직원들과 불평을 하기도 했다. 그리고 특징주가 눈에 들어왔다.

〈특징주〉 손오공, '터닝메카드' 장난감 품귀에 강세

우리는 그저 술잔을 기울이는 것 말고는 할 게 없었다.

더 알아보기

 테마주란 무엇인가?

테마주는 주식 이름이 아니다. 하나의 주제나 같은 사건 혹은 이슈를 계기로 같은 방향으로 주가가 움직이는 주식 종목군을 묶어서 '테마주'라고 부른다. 정치, 레저, 과학, 질병, 자원개발 등 다양한 종류의 테마주가 있다.

같은 테마에 속한 주식은 동반 상승하고 동반 하락하는 등 비슷한 움직임을 보이는 게 특징이다. 코로나19 바이러스가 확산되면서 백신 개발과 관련한 기업들의 주식이 동반 상승하거나 마스크와 필터 개발업체들의 주식이 함께 오르는 것이 그 예다. 다만 유가나 환율 등 거시경제 움직임에 영향을 받는 종목을 포함해 테마라고 부르지는 않는다.

테마주에 접근하는 투자자는 대부분 급등을 기대한다. 그렇기에 그 기업의 펀더멘털보다는 수급에 의해 움직이는 경향이 크다. 즉 어떤 뉴스가 테마를 만들고 자금이 달라붙으면서 테마가 부각되는 경우가 많다. 때로는 순환매가 나타나면서 테마가 형성되기도 한다. 순환매는 호재가 어떤 종목에 발생해서 매수가 몰리게 되면 그 종목과 관련있는 다른 종목들의 주가가 덩달아서 오르면서 매수 분위기를 만드는 현상을 의미한다. 결국 테마주는 '뉴스, 자금, 심리'라는 삼박자가 맞아 떨어지면서 형성된다고 볼 수 있다.

테마주도 일회성 성격과 주기적 성격으로 구분할 수 있다. 일회성 테마는 특정 이벤트 발생으로 관련주가 일제히 움직이는 것을 말한다. 주기적 테마는 특정 시기에 반복적으로 발생하는 테마를 의미하며, 미세먼지 테마, 정치 테마 등이 여기에 속한다.

한국에서는 테마를 구성하는 주식들이 대형주보다는 소형주를 중심으로 구성되는 경우가 대부분이다. 또한 테마의 흐름에 따라 주가의 변동성이 크게 나타날 가능성이 높아, 장기투자자보다는 단기투자자 매매에 좀더 적합하다. 테마주를 사면 놀이공원을 가지 않아도 매일 롤러코스터를 타는 스릴을 맛볼 수 있다.

테마주를 찾는 방법은 매우 간단하다. 주식을 거래하는 증권사의 HTS를 열면 대부분의 HTS는 테마를 모아서 제공하고 있다. 2020년 현재 포털사이트에서 제공한 테마는 200여 개에 달한다.

나는 왜 아마존에 투자하지 않았나?

글로벌 일류기업의 주주가 돼라

언니들의 투자 교훈
해외주식으로 전 세계 주식시장을 여행하라.

아마존에 대해 깊은 인상을 받았던 것은 바로 '드론 배송'이었다. 택배 상자가 달린 드론이 하늘을 날아서 집집마다 배달을 해주는 상상을 현실로 만들어준다니, 환상적인 이야기였다. 만약 "대문 앞에 놓아주세요"라고 했을 때 드론은 대문을 어떻게 찾을까. 인공지능이 탑재된 드론이라면 자사 드론과 경쟁사 드론과 부딪쳤을 때 반응이 달라질까. 경쟁사 드론은 한번 째려보고 가나.

이런 말도 안 되는 생각을 하며 아마존이라는 회사에 대한 이미지를 키워왔었다. 화장품·영양제 해외 직구를 한 번도 안 해본

1장 언니들의 배 아픈 주식투자 이야기 **67**

사람이라 해도 전 세계 유통망을 주름잡는 아마존의 이름은 한번 쯤 들어보지 않았을까.

아마존이 내 계좌를 스쳐갔다

나도 아마존과 아예 인연이 없었던 것은 아니다. 주식을 가진 적이 있다. 나는 미국 증시를 매일 체크하고 있고, 증권사들은 때 마침 해외주식투자를 너도나도 권하고 있었다. 해외주식 수수료 에 대한 기사를 쓰다 직접 증권사 지점에 방문해 해외주식 계좌 를 열어봐야겠다고 생각한 날이 있었다. 그 덕에 아마존이 내 계 좌를 스쳐 지나갔다. 게다가 이번 이야기는 실패담이 아니다.

그날은 계좌 개설을 할 운세였을까, 해외주식 수수료에 대한 기 사를 쓰다 불현듯 계좌를 열어봐야겠다고 생각이 들었다. 증권사 문을 들어갈 때와 나올 때 시간이 한 10년은 흐른 듯했다. 계좌 개 설하다 폭삭 늙을 뻔했다. 신분 확인부터, 사인해야 하는 서류가 너무 많았다. 미국주식을 사려면 환전도 해야 했고, 휴대폰에 해외 주식 전용 모바일 트레이딩시스템(MTS)도 깔아야 했다. 그렇게 점 심시간 한 시간을 맞바꾸고 어렵게 개설한 해외주식 계좌였다.

'뭘 담아볼까' 하는 행복한 고민에 빠졌지만 난관에 봉착했다.

그날 나는 미국 증시 개장 전에 잠이 들었다. 해외주식투자를 하려면 각 나라마다 다른 시장 운영시간을 알아야 한다. 미국 증시는 우리나라 시간으로 밤 11시 30분(써머타임 적용 시 밤 10시 30분)에 시작한다. 유럽증시는 오후 5시(써머타임 적용 시 오후 4시), 중국이나 홍콩증시는 오전 10시 30분, 일본증시는 우리나라와 같은 오전 9시에 개장한다. 해외주식 계좌를 열고도 한동안 미국주식을 사지 못했다. 무거운 눈꺼풀이 주식투자 욕구를 매일 이겼다.

그러다 보니 '예약주문'을 하면 되겠구나 싶었다. 굳이 그 시간에 깨어 있지 않아도 주문이 가능한 기능이다. 얼마에 살지 미리 예약을 해놓고 자면 다음 날 가격이 맞으면 매수가 되어 있고, 아니면 말고 하는 식이다. 나 같은 사람이 많은지, 증권사는 고객이 힘들게 잠이나 가격변동과 싸우지 않도록 이렇게 멋진 버튼을 만들어두었다.

첫 해외주식으로 아마존을 산 건 아니었다. 아마존은 주당 1,800달러 정도였는데 환전하면 못해도 190만 원이었다. 초보자가 살 주식 치고는 비쌌다. 종잣돈은 약 80만 원이었다. 그래서 당시 애용하던 넷플릭스 주식을 샀다. 주가가 250달러대였으니 저렴해서 마음에 들었다.

미국 증시가 계속 호황이었기 때문에 사실 이름을 알고 있는 주식은 대부분 오름세였다. 아무거나 집어서 사도 크게 손해는 안 볼 때였다. 대세 상승장에 편승한 셈이다. 넷플릭스는 나름 이익을 주고 떠났다. 285달러대에 팔아서 소소하게 수익을 냈다.

넷플릭스를 팔고는 520달러였던 테슬라를 한 주 샀다. 미래에는 역시 전기차가 대세라고 생각했다. 이 선택은 정말이지 백번 옳았다. 테슬라는 그 후 승승장구해서 900달러대까지 치솟았으니까 말이다.

물론 초보투자자인 나는 이런 상승장에서 꼭 삐딱선을 탄다. 테슬라가 635달러까지 오르자 너무 기뻤다. 기쁜 나머지 매도에 나선다. 약간의 차익을 내고 테슬라는 그렇게 떠나갔다.

그동안 손해만 보던 내게 미국주식은 새로운 세계였다. 종종 예약 주문을 걸어놓고는 내 계좌에 들어온 주식을 구경하곤 했다. 그 주식들은 때때로 암탉이 알을 낳는 것처럼 플러스를 뜻하는 빨간 숫자로 나를 기쁘게 했다.

그렇게 해외주식 자금이 조금 늘었지만 마냥 좋은 시절이 계속되지는 않았다. 2020년 3월 코로나19가 중국에서 퍼지기 시작하면서 주식시장이 고꾸라지기 시작했기 때문이다. 미국 다우존스 30 산업평균지수는 좀 양호했지만 코로나 시국을 완전히 피하지는 못했다. 미국에도 확진자가 급증하기 시작하면서 증시는 추락했다. 다우지수는 하룻밤 사이에 8% 폭락하는 날이 있을 정도로 공포 분위기로 돌변했다. 매일 아침 미국 증시 분위기를 확인할 때마다 '주식은 손대지 말아야지' 하는 마음과 '이때가 저점인데' 하는 마음이 엇갈렸다.

그러다 아마존을 한 주 갖게 되었다. 이 주식 저 주식 오가며 투자하는 것보다 괜찮은 주식을 하나 갖고 있는 편이 낫겠다는 생각이 들었다. 코로나 시국에 아마존은 더욱 유리한 주식이었다.

사람들이 모두 '사회적 거리두기'를 하며 집에 머물렀다. 한국에서도 쿠팡이 매출 7조 원을 돌파하며 적자폭을 줄일 정도로 온라인 배송이 각광을 받았다. 미국도 확진자 수가 증가하고 있으니 아마존의 인기가 식지 않을 것으로 예상되었다. 그리고 그 예상은 맞아떨어졌다.

아마존 주가는 3월 16일에 1,626.03달러까지 떨어졌다가 다시 2,410달러대로 급반등했다. 코로나 바이러스로 사람들이 집에서 온갖 물건들을 온라인으로 살 것을 예상한 수많은 사람들이 아마존의 주식을 샀다.

아마존 주식이 내 계좌를 잠시 스쳐간 게 아니라면 더욱 좋았겠지만 아마존도 여느 미국주식과 다르지 않았다. 나는 2,200달러대에 아마존을 샀고, 2,380달러대에 아마존을 팔았다. 그렇게 아마존 역시 소액의 수익을 주고 떠나갔다.

미국주식에 투자하면서 나는 전형적인 초보투자자의 실수를 범했다. 전망을 해놓고, 전망과 달리 가격이 조금만 움직이면 수익을 실현한다. 이미 벌어놓은 약간의 돈이라도 없어지기 전에 현금화해야 한다는 이상한 조바심에 매도 버튼을 누른다. 처음 그 종목을 살 때의 확신, 미래를 보는 전망 따위는 온데간데없다.

주식을 팔 때 생각한다. '일단 수익을 실현하고 새로운 가격에 들어가야지.' 하지만 아마존을 판 지 한 달이 지났지만 나는 아직도 못 들어갔다. 아마존은 계속 올랐기 때문이다. 해외주식투자에서 250만 원 이상 수익이 나면 양도소득세 대상인데, 나는 얼마 못 벌어서 세금을 안 내도 된다는 점은 장점이다.

그러는 동안 달러-원 환율이 올랐고, 나는 그 돈으로 국내주식을 하는 편이 낫겠다는 판단을 했다. 투자 고수들이 그렇게 "종잣돈! 종잣돈!" 하는 데는 다 이유가 있다. 종잣돈이 별로 없으면 선택할 수 있는 투자처도 별로 없다. 그래서 해외주식 계좌의 얼마 없는 돈을 대부분 국내주식 계좌로 옮겼다.

그렇게 짧은 해외주식투자는 지나갔지만 배운 점도 많다. 해외주식을 쉽게 할 수 있다는 걸 알게 되니 자연스럽게 해외 증시의 종목에 관심을 갖게 되었다. 아마존, 테슬라, 애플, 디즈니 등 여러 주식을 구경하면서 글로벌 주식시장 투자에 나서는 재미가 쏠쏠했다. 때마침 미국 증시 상승기였기 망정이지 코로나19로 급락장세를 만났더라면 투자를 이어가지 못할 뻔 했다. 다행인지 불행인지 모르겠지만.

100년간 배당 잘 주는 해외기업의 위엄

약 3~4개월간의 해외주식투자는 새로운 창을 열어주었다. 예전에 삼성전자 주식을 적립해서 아이에게 물려준 현명한 어머니들을 다시 떠올려보게 되었다. 아이 명의로 해외주식에 투자하는 상품을 알아보기도 하고, 배당을 꼬박꼬박 잘 주는 해외주식을 찾아보기도 한다.

특히 이제 배당의 중요성을 내세우기 시작한 우리나라와 달리 미국의 경우 소규모 주식도 배당을 꼬박꼬박 주는 경우가 많다. 미국 증시에는 100년 이상 배당을 한 기업이 10개도 넘는다고 한다. 100년이라니! 아기 때부터 주식을 갖고 있는 사람이 사망할 때도 배당금을 받은 셈이다.

미국주식투자는 단기간에 끝났지만 언젠가 한 번 더 도전해볼 만하다. 현재는 해외주식 계좌에 약 10만 원어치 정도의 주식이 남아있다. 소액 배당이 신기해서 남겨둔 종목과 좋아하는 종목 정도다.

소액 배당이 신기해서 남겨둔 종목은 증권사에서 근무하는 친구가 추천해줬던 미국주식 종목이었다. 당시 이름이 길어서 투자를 못했다. 대출을 해주는 회사인데 배당주로 유명하다고 했다. 이름은 'Ares Capital Corporation'이었다. 알고 보니 이 주식은 고배당

입문주식으로 알려져 있다고 한다. 배당률이 10% 이상이라고 한다. 적금하듯 쌓아두면 괜찮은 주식이라고 한다. 덕분에 나도 미국에서 배당을 받아보고 신기했다.

좋아해서 보유하는 종목은 디즈니다. 비록 한 주뿐이지만 마음은 디즈니 성을 가진 것처럼 기분이 좋다. 수익은 별로다.

요즘에도 미국주식으로 돈 벌었다는 사람들을 보면 배가 살살 아파온다. '그때 좀더 적극적으로 할 걸. 죽으면 매일 잘 텐데 왜 매일 10시 전에 잠들어서 미국주식을 못 했을까. 종잣돈은 왜 없었나.' 지나고 보면 아쉽지만 그래도 폭락장을 정통으로 맞지 않아서 참 다행이라면 다행이다.

해외주식투자, 이렇게 하면 된다

코로나19가 전 세계적으로 퍼지면서 글로벌 증시가 조정을 받자 해외주식에 대한 관심은 급격히 증가했다. 국내주식보다 투자 수수료도 비싸고, 우리나라와 다른 시간에 거래해야 하는 데다 종목 정보도 파악하기 쉽지 않음에도 해외주식의 인기는 나날이 치솟았다. 미래에셋대우 2020년 1분기 해외주식 예탁자산 규모는 8조 3천억 원으로 전년동기 5조 7천억 원 대비 2조 원 이상 늘었다. 삼성증권 해외주식 예탁자산은 4조 5천억 원으로 급증했다. 해외주식 거래대금은 2조 7,900억 원으로 2019년 1분기 1조 원에 비해 2.8배 늘었다. 거래고객수는 3만 3,029명으로 전년동기 대비 3.2배 증가했다. 키움증권 해외주식 거래는 전년동기 대비 2,278% 폭증했다. 2020년 1분기 월누계액 기준 해외주식 약정은 3조 2천억 원에 달했다.

국내 증시에서 일부 '아는 사람들만 하던' 해외주식은 어느새 우리 생활 속으로 성큼 들어와 있다.

해외주식을 하는 방법도 국내주식과 비슷하다. 일단 증권사에서 모바일트레이딩시스템(MTS)이나 홈트레이딩시스템(HTS)를 가입한다. 자유롭게 언제 어디서든 주식 거래를 할 수 있도록 시스템을 갖추는 것이다. 해외주식 계좌에 가입하고 나면 예수금을 입금하면 된다.
여기서 국내주식과 다른 점은 환전 절차를 한 번 더 거쳐야 한다는
점이다. 미국주식이면 달러로, 유럽주식이면 유로화로, 일본주식이
면 엔화로 바꿔야 한다. 그래야 바로바로 사고 싶을 때 주식을 거래
할 수 있다.

요즘에는 증권사들이 해외주식투자자들이 편하게 거래할 수 있도
록 통합 환전 시스템을 갖추기도 한다. 굳이 거래를 할 때마다 개별
통화로 환전을 하지 않아도 된다. 원화 예수금이 들어있는 만큼 일
단 거래를 하고, 나중에 증권사가 알아서 환전을 해서 맞춰주는 식
이다. 투자자 입장에서는 밤늦게 일일이 환전하지 않아도 되니 좋
다. 증권사도 나쁘지 않다. 증권사의 환전 수수료는 일반 은행보다
비싼 편이다.

해외주식의 장점은 글로벌 리더 기업인 종목이 많다는 점이다. 아
마존, 구글, 애플, 테슬라 등 전 세계에서 대표 기업으로 치는 곳에
직접 투자할 수 있다. 대표 기업이 아니라 하더라도 이미 생활 속에
서 익숙해진 수입 브랜드에 투자할 수 있다. 글로벌 커피전문점인
스타벅스, 루이비통 백을 만드는 회사 LVMH(루이비통 모에 헤네시),
일본 생활용품점인 무인양품('료힌게이카쿠'(양품계획)), 마오타이주를
만드는 귀주모태주 등 다양한 브랜드에 투자할 수 있다. 세계 시장

을 보는 눈이 훨씬 넓어지는 셈이다. 아울러 국내 증시에 비해 해외 증시의 경우 배당금 비율이 높다. 100년 이상 이어져온 오래된 글로벌 기업에 투자하면서 배당 수익을 안정적으로 챙길 수 있다.

하지만 해외주식이 장점만 있는 것은 아니다. 환전에서 오는 각국 환율 리스크는 주식으로 벌어놓은 차익을 순식간에 잡아먹을 수 있는 돌발변수다. 환율은 언제든 변할 수 있고, 리스크에 민감하기 때문이다. 각국 증시 상황이나 증시 정보를 바로바로 접하기 어려운 점도 한계다. 국내에서는 조그만 악재만 발생해도 인터넷으로 민감하게 정보를 취득할 수 있지만 해외 증시는 좀 다르다. 공시 내용을 확인하기도 어렵고, 각종 규제와 기업의 정보를 증권사를 통해 얻는 경우가 많아 아무래도 한 박자 늦다. 따라서 해외주식은 좀더 느긋하게, 여윳돈으로 투자할 수 있어야 한다.

나는 어쩌다 ETF 장기투자자가 됐나?

인버스는 묵혀야 제맛!

나의 첫 ETF(Exchange Traded Funds)를 떠올리면 도널드 트럼프 미국 대통령이 떠오른다. 2016년 11월 미국 대통령 선거 당시, 미국뿐만 아니라 전 세계는 힐러리 클린턴 민주당 후보가 대통령에 당선될 것이라고 점쳤다. 당시 글로벌 금융시장은 클린턴이 당선되면 미국 증시가 상승하겠지만, 금융시장에 미칠 영향이 크지는 않을 것으로 예상했다.

그 무렵 나는 코스피200선물 지수 '하락'을 2배로 추종하는 ETF인 코덱스200선물 인버스2X에 투자했다. 미국의 본격적인 기준금리 인상에 따라 경기 회복세가 제약될 것 같았다. 2년 넘게 박스권에서 등락하던 코스피 지수도 추가 하락할 것으로 예상했다. 그러나 곧 나의 예상은 보기 좋게 빗나갔다.

박스피의 교훈을 너무 믿었나?

경기 회복이 어려울 것이란 자신감은 어디서 왔을까. 당시 조금만 더 찾아봤어도 앞으로 벌어질 참극을 피할 수 있었을지도 모른다. 어설픈 리서치의 대가로 나는 4년간의 기나긴 인고의 시간을 보내야 했다.

나중에 다시 증권사 리포트를 찾아보니 대부분의 증권사가 미국 대통령 선거에서 누가 당선되든 관계없이 미국 증시를 비롯해 국내 증시도 강세를 보일 것으로 예상했었다. 대체로 새로운 대통령이 당선되면 경기 부양에 대한 기대가 커지며 주가는 상승한다고 한다.

당시 세계의 예상을 뒤엎고 도널드 트럼프 후보가 대통령에 당선되었다. 예상치 못한 결과에 당선 직후 미국 증시는 한때 폭락하기도 했지만 강한 미국을 내세우며 경기 부양을 다짐하는 트럼프 대통령에 대한 기대로 뉴욕증시는 삽시간에 사상 최고치를 경신했다. 이후 미국 증시는 가파른 우상향 곡선을 그렸다. 미국 증시가 고공행진을 보일수록 트럼프 대통령은 나의 원망의 대상이 되었다.

국내 증시도 덩달아 상승했다. 박스피(박스권에 갇힌 코스피)라 불릴 정도로 변동성이 적었던 코스피 지수는 믿을 수 없이 빠른 속도로 미국 증시를 따라 상승세를 이어갔다. 실제 2011년 이후 코스피 지수는 2,200선을 한 번도 넘은 적이 없었다. 2015년 주가 상승기에도 코스피 지수는 2,200선 코앞에서 하락세로 돌아섰다. 그러나 트럼프 당선 이후 코스피 지수도 꾸준히 상승하면서 2017년 4월에는 6년 만에 2,200선을 넘어섰다.

코스피 지수 급등에도 나는 지난 4년간 박스권을 벗어나지 못한 박스피의 교훈을 되새기고 있었다. '이제는 떨어질 일만 남았다'고 혼자 기대했다. 하지만 코스피는 2017년 5월에 사상 첫 2,300선을, 6월에는 2,400선을 돌파하며 사상 최고치를 연달아 경신했다. 과열에 대한 우려 섞인 목소리도 있었지만, 코스피 상승세에 묻혔다. 같은 해 11월에는 결국 코스피가 2,500선마저 훌쩍 뛰어 넘었다.

너무 많이 올랐다는 우려, 내가 주식시장에 눈뜬 이후 한 번도 박스권을 벗어난 것을 본 적 없다는 경험, 주가가 높이 오를수록, 낙폭도 더 클 것이란 헛된 기대로 인버스를 품은 지도 어언 4년.

증시 움직임과 반대로 가는 인버스 ETF

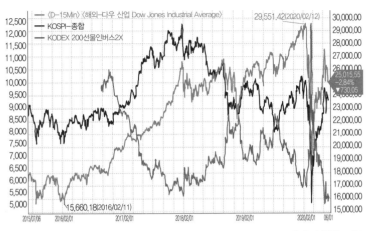

출처 : 연합인포맥스

도널드 트럼프가 미국 대통령에 당선된 후 미국을 비롯한 글로벌 증시가 급등하자 주가지수를 반대로 추종하는 ETF는 급락했다. 사상 최고치를 경신하는 미 증시를 따라 국내 증시도 상승하면서 ETF는 3년 이상 마이너스 수익률을 유지했다. 이후 코로나19 사태로 주가가 곤두박질치면서 ETF도 급등하는 모습을 보였다.

처음 1년은 상승세에 대한 불신으로 버텼다. 그러나 나의 ETF 수익률은 마이너스(-) 40%로 곤두박질쳤다.

다음 1년은 간절함으로 버텼다. 실현하지 않은 손실은 내 것이 아니라며 스스로를 위로했다. '한국 경제가 이렇게 잘 나갈 리 없다'며 미국 증시 상승세도, 트럼프 대통령에 대한 기대도 모든 것이 거품이길 바랐다. 코스피가 오를수록 내 ETF 수익률은 2배속으로 뚝뚝 떨어졌다.

손절조차 포기했을 때 기회가 왔다

이후에는 자포자기의 심정으로 ETF와 함께했다. 이제는 손절
도 어렵다는 생각이 들었다. 손절도 수익률이 -20~-10%가 될 때
마음먹을 수 있다. 그게 넘어가면 손절을 결심하기도 어려워진다.
트럼프 대통령이 미국 우선주의, 보호무역주의를 내세우며 중국
과 무역전쟁을 이어갈 때도 '언젠가 제3차 세계대전이 일어나지
는 않을까. 10년에 한 번 꼴로 위기가 온다는 경기주기설처럼 언
젠가 불황이 닥치지 않을까' 하며 내 마음은 이미 10년 후를 준비
하고 있었다. 나의 ETF 인버스 수익률이 플러스로 돌아서서 몇 년
간의 기다림까지 보상받으려면 적어도 코스피가 1,800선 아래로
내려가야 하는데 그마저도 쉽지 않아 보였다.

자포자기에도 마음속 번뇌는 끊이질 않았다. 금융업계에서는
빠른 손절(損切, stop-loss)이 돈을 버는 방법이라고 말하지만, 손절
이 말처럼 쉽지가 않다. 일본의 '잃어버린 20년' 동안 가장 성공적
인 투자자들은 은행에 예금을 예치한 노인들이라고 한다. '그냥
예금이나 할 걸' 후회하며 결국 나는 내가 인버스를 투자했다는
사실을 기억에서 지워버리기로 했다.

그러나 불행인지 다행인지 ETF인버스를 잊고 지낸 지 4년여 만
인 2020년, 증시 상승세가 주춤할 기미를 보였다. 그동안 과도한

상승세에 대한 피로감에 미국 증시도 속도 조절에 나서는 모양이었다. 인류에게는 불행이지만 신종 코로나바이러스 감염증(코로나19)이 세계적으로 확산되었다. 코로나19는 경기침체에 대한 우려로 미국 증시를 끌어내렸다. 요원하게만 보이던 코스피 1,800선도 코로나19로 인해 지난 3월 1,400대까지 급락했다.

ETF 수익률은 플러스로 전환했다. 수익률은 기대 이상이었다. 그 오랜 시간 나를 괴롭히던 고통과 번뇌를 감안하면 별로 기쁘지는 않았다. 다시 한 번 투자는 평범한 인간의 마음으로 하는 게 아니라는 사실을 깨달았다.

ETF 투자, 이렇게 하면 된다

상장지수펀드(ETF, Exchange Traded Funds)는 코스피200 등 특정 지수나 자산의 가격 움직임이나 수익률에 연동하는 지수연동형 펀드를 말한다. 인덱스펀드와 뮤추얼펀드를 결합한 상품으로 주식처럼 자유롭게 거래할 수 있다. 투자자들이 개별 주식을 고르는 데 드는 수고로움을 덜어주고 분산 투자를 용이하게 하는 펀드의 장점과 낮은 거래비용으로 원하는 시기에 자유롭게 거래할 수 있는 주식의 장점을 결합했다. 또한 ETF는 자산구성내역을 공시할 의무가 있어 투명성도 높다.

ETF는 지수연동형 상품으로 투자가 용이하다. 개별 종목이 아닌 시장 전체를 추종하기 때문에 시장 흐름에 따라 가격이 상승 또는 하락한다. 개별 종목 투자에 수반되는 투자 위험과 가격변동성이 상대적으로 작아 비교적 안정적인 상품이다. 또한 전문투자자가 아닌 개인이 개별 종목에 대한 분석을 하기 어려운 가운데 ETF는 시장 방향성에 투자할 수 있어 투자 판단도 용이하다.

주식과 같은 환금성도 있다. ETF는 거래소에 상장돼 주식처럼 거래되기 때문에 주식시장이 열려 있는 동안 실시간으로 거래횟수 제한 없이 사고팔 수 있다. 펀드가 환매에 시간이 걸리는 데 비해 ETF 는 급격한 시장변동에 빠르게 대처할 수 있다. 펀드보다 거래비용 도 낮다. 펀드는 운용사가 현금을 납입받아 주식을 거래하며 펀드 를 운용하기 때문에 운용비용이 많이 발생한다. 그러나 ETF는 투자 자가 주식바스켓에 편입된 주식을 운용사에 납입하는 구조라 보수 가 저렴하다. 또한 ETF는 환매가 현물로 이뤄져 펀드 내부에 현금 을 보유할 이유가 적기 때문에 기회비용이 작다.

ETF는 분산투자 효과도 있다. 코스피200지수를 추종하는 ETF는 ETF를 1주만 사도 코스피200 전 종목을 사는 것과 같은 분산효과 를 누릴 수 있다. 적은 투자금으로 효과적인 분산투자를 할 수 있다.

ETF에 투자하려면 증권사 계좌를 만들어야 한다. 기존 국내주식을 거래할 수 있는 증권사 계좌가 있다면 증권사 홈페이지 등을 통해 간단한 인증 절차를 거친 후 HTS나 MTS를 통해 주식처럼 사고팔 수 있다.

투자 시에는 자신의 성향과 상황을 정확하게 파악할 필요가 있다. 위험성향이나 연령대별 목적 자금에 따라 적합한 펀드를 선택해야 한다. 장기적인 안목에서 목돈을 만들어야 하는 청년층의 경우 매 월 일정금액을 ETF에 투자해 낮은 거래비용으로 적립식 펀드의 효

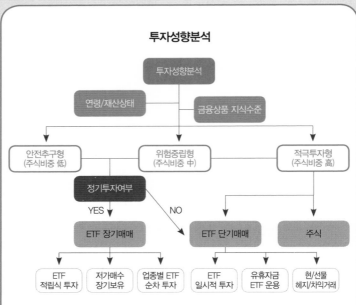

투자성향분석

투자성향분석

연령/재산상태 ── 금융상품 지식수준

안전추구형 (주식비중 低) / 위험중립형 (주식비중 中) / 적극투자형 (주식비중 高)

정기투자여부

YES / NO

ETF 장기매매 / ETF 단기매매 / 주식

ETF 적립식 투자 / 저가매수 장기보유 / 업종별 ETF 순차 투자 / ETF 일시적 투자 / 유휴자금 ETF 운용 / 현/선물 헤지/차익거래

출처 : 한국거래소

투자성향은 개인의 연령이나 재산 상태, 금융상품에 대한 지식 수준에 따라 나눌 수 있다. 크게 위험선호와 위험회피 성향으로 나뉘는 가운데 안전을 추구하는 위험회피 성향은 주식 비중이 낮고, 위험을 선호하는 적극 투자형은 주식 비중이 높다.

과를 낼 수 있다. 상대적으로 경제활동을 할 수 있는 기간이 짧은 장년층 및 노년층은 위험자산 투자 비중을 축소하고 중단기 투자를 고려해야 한다.

다만 낮은 거래비용이라도 잦은 단기 거래는 비용을 증가시킨다. ETF도 펀드의 일종인 만큼 펀드보수와 매매 시 위탁수수료를 부담하게 된다. 사전에 투자성향에 맞게 펀드를 선택한 후 매매하는 것이 중요하다.

ETF가 추종하는 지수 내 편입된 주식의 기업이 부도가 날 경우 일부 자산은 환매가 불가능할 수 있다. 그러나 ETF는 최소한 10개 이상의 종목을 편입해야 하는 만큼 개별 주식이나 채권에 투자한 것에 비해 신용위험은 작은 편이다.

ETF 중에는 기초자산의 수익률보다 더 높은 수익률을 낼 수 있는 레버리지 ETF나 기초자산의 방향이 하락할 때도 수익률을 낼 수 있는 인버스 ETF 등 파생형 투자상품이 있다. 파생형 상품은 일시적 가격변동이나 보수, 수수료, 지수사용료 등으로 추종하는 지수와 동일한 수익률을 내지 못할 수 있다. 또한 레버리지나 인버스 상품은 투자기간 만큼의 기초자산 가격 상승분을 추종하는 것이 아니라 일간 수익률의 상승분을 목표로 하는 점도 수익률 차이를 만드는 요인이다. 통상 레버리지 ETF가 ETF 중에서도 상위에 랭크되지만, 변동성이 큰 장에서는 수익률이 마이너스 폭이 커지기 쉬워 주의가 요구된다. 그래서 레버리지나 인버스 ETF는 장기 투자에 적합하지 않다.

나는 왜 VIX에 얼떨결에 투자했나?

방향을 모르겠다면 변동성에 주목하라

세상에는 여러 종류의 파생상품이 있다. VIX도 그 중 하나다. VIX는 Volatility Index의 약자로 변동성지수라고 한다. 미국 스탠더드앤드푸어스(S&P 500) 지수 옵션이 향후 30일 동안 위로든 아래로든 얼마나 변동성이 커질지에 대한 시장참가자들의 기대치가 반영된 것이다. 즉 시장참가자들이 향후 30일 동안 S&P 500 변동성이 커질 것이라고 예상하면 VIX 지수는 올라가고, 반대의 경우는 내려간다. VIX 지수가 30이면 한 달 동안 S&P500 지수가 2.5%(30/12개월)의 변동성을 보일 것으로 예측한다는 의미다.

사람은 안정된 것을 추구한다. 인생은 다이나믹한 게 즐겁다고 말하는 사람도 있지만 인생이 하루도 빼놓지 않고 다이나믹하다면 사람이 돌아버릴지도 모른다. 이런 인간의 기본적인 심리를 알고 있다면 VIX 지수의 흐름도 예측할 수 있다. VIX가 올라봐야 하늘 아래 산일 뿐, VIX는 언젠간 다시 평상시 수준으로 돌아오게 되어 있다.

변동성에 거꾸로 투자하자

이런 믿음에 착안해서 만들어진 또 다른 지수가 있다. VIX의 반대로 투자한다는 의미를 지닌 XIV다. '변동성 매도' 운용 기법을 이용해서 VIX와 반대방향으로 움직이게 만들어졌다. 이름도 VIX를 거꾸로 적은 것으로, 존재감이 아주 확실했다.

XIV 지수는 금융위기 이후 부각되기 시작했다. 하지만 국내에는 크게 알려지지 않았다. 미국 S&P 500 지수 옵션의 변동성인 VIX를 기초로 하고 있기 때문인 것도 있고, 국내 거래소에 상장되지 않은 지수이기 때문에 접근하기 어려운 측면도 있다. 하지만 금융시장 종사자들 중 투자에 조금이라도 관심이 있는 사람들에게 VIX와 XIV는 다 알 만한 알짜 고급정보이자 투자수단이었다.

금융위기에는 몰랐지만 사람이 두 번 세 번 속지는 않는다. 실패를 통해 배우고 진화하는 게 인간이다. 2010년 유럽 재정위기, 2013년 버냉키 쇼크 등 주요 이벤트가 있을 때마다 주식 변동성은 커졌고, VIX 지수는 급등했다. 그리고 다시 제자리로 돌아왔다. 이 때문에 투자 공부 좀 했다는 사람들은 VIX가 줄어들 것이라는 믿음에 투자했다. 그리고 손쉽게 5~10배가 넘는 수익을 얻었다. XIV는 그렇게 알음알음 커졌다.

나도 물론 XIV에 대한 얘기를 들었다. XIV는 거저먹는 상품이라고, 사람은 안정을 추구하기 때문에 주식시장도 변동성이 일시적으로 커질 수는 있지만 결국엔 안정된다고 말이다. 금융위기 등 숱한 위기를 겪었지만 이렇게 편안한 날을 보내고 있지 않은가.

'다음에 기회가 오면 꼭 XIV에 투자해서 일확천금을 노릴 테다.' 버냉키 쇼크처럼 짧지만 굵은 이벤트가 생기고 증시가 흔들리기를 빌고 또 빌었지만 나에게 그런 기회는 오랫동안 오지 않았다.

XIV 존재를 안 지 2년 정도 지났을까. 이유 없이 주식시장이 빠지기 시작했다. 2018년 2월 2일이었다. 다우지수가 2% 넘게 빠졌다. 사람들은 기술적 조정이라고 생각했지만 왠지 싸한 느낌이었다. 그리고 그 다음 날은 다우지수가 4% 넘게 폭락했다.

그 날은 XIV를 생각할 겨를이 없었다. 금융시장 변동성이 커진 탓에 일하다가 하루가 후딱 지나갔다. 퇴근길에 XIV가 생각났다.

'아, 지금이 바로 그때다.' 심지어 지금 환율도 아주 좋았다. 달러-원 환율이 1,100원도 되지 않았다. 잘하면 환차익도 얻을 수 있을 것 같았다.

하지만 나는 XIV를 살 수 없었다. 막상 XIV에 투자하려니 이런 폭락장세가 하루 이틀에 끝날 것 같지 않았다. 주식 격언 중에 유명한 말들이 몇 개 있는데, '달리는 말에 올라타라'와 '떨어지는 칼날을 잡지 마라'다. 왠지 떨어지는 칼날을 잡는 것만 같았다.

주식투자 시 투자성향을 묻는 질문에는 항상 공격적인 투자자라고 체크를 하지만 정작 투자의 기회가 왔을 땐 이보다 더 작아질 수 있을까 싶은, 난 타고난 작은 마음이었다. 그리고 S&P 500 지수는 일주일 동안 5% 넘게 빠졌다. 미국주식시장이 글로벌 금융시장을 쥐고 흔들었다.

하루아침에 위험상품투자자가 되다

문제는 또 있었다. 그토록 믿어 의심치 않던 XIV의 배신이었다. VIX 지수가 갑자기 치솟으면서 VIX 가격도 동시에 폭등했고, 그 반대인 XIV 가격은 폭락했다. 그런데 XIV상품을 공급하던 글로벌 IB 중 하나인 크레디트스위스가 이 상품을 청산해버렸다. 크레디트스위스는 5일 동안 반영되지 않았던 펀드조정을 반영했다. 2018년 1월 22일에 144달러였던 인버스 VIX ETF를 4.22달러에 청산했다.

믿는 구석이었던 XIV가 청산되었다는 소식에 두려움은 극에 달했다. 정말 위험한 상품이었다는 생각이 머릿속을 맴맴 돌았다. XIV에 투자하지 않아 다행이라고 생각했다. 나는 그저 글로벌 증시 폭락으로 손실구간에 접어든 내 주식이 빨리 회복되기만을 바라고 있었다.

하지만 사람의 인연은 정말 모를 일이다. VIX와 인연이 없다고 생각했지만 VIX는 나 몰래 내 옆에 와서 인사를 건넸다.

"자기야, 나 사실 고백할 게 있어."

"뭔데? 무섭게 왜 그래? 빨리 말해봐."

"내가 아주 위험한 상품에 투자했어."

"뭐야, 비트코인 했어?"

"아니 그거 말고…."

크레디트스위스가 XIV를 청산했지만 다른 IB들이 내놓은 인버스VIX ETF는 성행하고 있었던 것이다. 150달러까지 갔던 인버스 VIX ETF는 10불 정도까지 떨어졌다고 했다. '투자자들, VIX 매도

상품에 오히려 추가 베팅'이라는 기사를 본 적이 있었는데, 그 중 한 명이 남편이었다. 나는 이렇게 의지와 상관없이 12달러에 인버스 VIX ETF에 투자하게 되었다.

나는 하루 사이에 세상에서 가장 위험한 상품 중 하나인 변동성 지수로 만들어진 상품을 들고 있는 사람이 되었다. 이제는 어쨌든 빨리 이 변동성 확대 장세가 안정되기를 바라며, 내 주식과 내 인버스 VIX ETF가 모두 이익을 나기를 기도해야 할 판이다.

더 알아보기

VIX란 무엇인가?

변동성 지수를 뜻하는 VIX는 미국 S&P500 지수 옵션 가격의 향후 30일 동안의 변동성에 대한 시장의 기대를 나타내는 지수로, 1993년부터 시카고옵션거래소(CBOE)에서 거래되고 있다. 이후 유럽 금융시장과 아시아 금융시장에서도 변동성지수가 만들어졌다.

옵션은 미리 정해진 조건과 정한 기간 내에 상품 혹은 유가증권 등의 특정 자산을 사거나 팔 수 있는 권리, 즉 '선택권'을 말한다. 금융시장에서 투자자들이 옵션을 거래할 때는 미래에 옵션의 가치가 어떻게 될 것이라는 믿음으로 옵션을 거래하게 된다.

VIX가 상승한다는 것은 주식시장의 불확실성이 증가한다는 의미다. VIX 상승은 시장참가자들이 향후 30일 동안 주가가 큰 폭으로 상승하거나 하락할 것으로 예상한다는 뜻이다.

통상 VIX는 주가가 예상치 못한 이벤트로 큰 폭의 하락이 나타날 때 상승하는 경향이 있어서 '공포지수'라고 부르기도 한다. 2008년 금융위기, 미국 신용등급 강등 및 유럽 재정위기, 브렉시트, 신종 코로나바이러스 감염증(코로나19) 당시 VIX 지수가 급등했었다.

VIX 지수를 매수하는 것은 해당 주식시장의 변동성이 높아질 것이라는 것에 베팅하는 것이다. 반대로 VIX 지수를 매도하는 것은 주식 시장의 변동성이 줄어들 것이라는 기대를 바탕으로 한다.

VIX 지수는 투자자들이 향후 시장 변동 위험을 파악할 수 있는 지표 중 하나다. 변동성 위험을 헤지하거나 변동성에 투자할 수 있는 수단으로도 쓰인다. VIX를 이용한 상품은 변동성 지수 선물과 옵션이 있다. 변동성지수 선물 등 다양한 상품의 변동성을 기초자산으로 한 ETF나 ETN도 상장되어 있다.

미국에서는 2004년에 VIX 선물이 상장되었고, 2006년에는 VIX 옵션 거래도 시작되었다. VIX 선물과 옵션의 상장으로 변동성에 투자하는 전략이 단순화되었다. 가령 변동성이 커질 것으로 예상될 때는 VIX 선물을 사거나 VIX 콜옵션을 매수하는 전략을 쓸 수 있다. 한국은 2014년 V-KOSPI200 지수를 기초로 하는 선물이 거래소에 상장되었다.

일반투자자들이 거래하는 VIX는 VIX ETF다. VIX ETF는 VIX의 근원물 옵션 가격을 추종한다. 즉 VIX ETF 매수는 VIX 옵션을 매수하는 셈이다. 따라서 VIX는 선물 가격이 현물 가격보다 대부분 높은 상태인 '콘탱고'가 나타난다는 점을 염두에 둬야 한다. 월물이 교체되더라도 미래의 변동성은 현재보다 높기 때문에 월물교체(롤오버)를 할 때마다 VIX 지수보다 비싼 가격에 VIX를 사야 한다.

VIX를 매매할 때 또 하나 유의해야 할 점은 수수료다. 해외지수이고 옵션상품이기 때문에 수수료가 상당하다.

따라서 VIX는 특정 이슈로 변동성이 크게 확대될 것이라고 확신할 때 단기적으로 진입하는 경우가 많다. VIX는 투자라기보다는 투기에 가까운 상품으로 분류된다. 장기 투자에는 부적합하다는 게 전문가들의 조언이다. 역사적으로 2008년 금융위기, 유럽 재정위기, 브렉시트 등에서 VIX가 큰 폭으로 상승했었다.

VIX에 투자하는 상품은 VIX ETF인 VXX, VIX ETF인 VIXY가 있다. VIX 하락에 베팅하는 ETF인 SVXY도 있다. VIX 2배를 추종하는 상품도 있는데 TVIX ETN이다.

2장

언니들의
속 쓰린 외환투자 이야기

외환시장은 나 같은 사람이 투자하기에는 너무나 머나먼 곳으로 느껴진다. 뭔가 계산도 복잡할 것 같고, 세계 각국의 환율 흐름을 어떻게 따라가나 무섭기도 하다. 하지만 은행에서 환전을 해본 사람이라면 누구나 외환시장에 투자할 수 있다.

환율은 각 나라 통화의 가치가 얼마인지를 환산한 것이다. 달러-원 환율이면 1달러가 우리나라 돈으로 얼마인지 나타내는 '달러의 가격'이다. 기준이 되는 통화의 가격이 환율이라고 생각하면 된다. 유로-원 환율은 유로의 가격, 엔-원 환율은 엔화의 가격이다. 엔화의 경우는 계산하기 좋게 100엔당 천 원대로 맞춰서 계산한다. 특정 국가의 통화는 그 나라의 경제 상황에 맞게 가치가 결정된다. 하지만 경제 상황은 나라마다 다르고, 투자심리도 다르기에 각국 통화의 환율은 쉴 새 없이 움직인다. 우리가 외화를 사서 그 통화의 가격이 올랐을 때 팔면 외환투자에 성공한 셈이다.

외환투자는 직접 외국돈을 사고팔 수도 있지만 통화 관련 상품을 사고팔 수도 있다. 외환시장에서 하지 않고 주식시장에서 하는 방법도 있다. 때로는 여러 나라 돈을 한 통장에 모아놓고 운용할 수도 있다. 은행 딜러가 여러 통화에 투자하듯 나만의 외환투자 포트폴리오를 만들어놓는 셈이다.

이번 장에서는 배 아픈 언니들의 속 쓰린 외환투자 경험을 바탕으로 외환투자를 하고 싶으면 어떻게 해야 하는지 알아보려 한다. 모든 가격은 오르거나 내린다. 50% 확률이다. 아무것도 모르고 찍으면 홀짝 게임이고 도박이지만, 배워서 하면 투자가 된다.

나는 왜 유로화를 사지 못했나?

환율 흐름을 보면 시장을 읽을 수 있다

> **언니들의 투자 교훈**
> 일단 사라. 사고 생각하자.

지금도 선명하게 떠오른다. 그때 유로화가 떨어지던 그래프를! 급전직하란 바로 이런 것이구나 싶었다. 2008년 금융위기가 터지고 나서 그리스 재정위기가 터지더니 남유럽·동유럽 재정위기가 연달아 팡팡 터졌다. 유럽 재정위기에 유로화도 위기로 내몰렸다. 주변에서는 "위기를 맞은 유럽 나라 사람들은 생각하는 것도 다르다"고 했다. 너무 여유롭고, 허술해서 위기를 맞아도 이상할 게 없다고들 비판했다.

이때 유로-달러 환율은 1.6038달러를 고점으로 추락하기 시작

2장 언니들의 속 쓰린 외환투자 이야기 **103**

했다. 2008년 7월 15일부터 빠지기 시작해 2008년 10월 27일에는 1.2331달러까지 폭락했다. 무려 석 달 만에 0.4달러나 빠진 것이다. 당시 유럽의 위기는 투자 안목을 지닌 사람에게는 훌륭한 바겐세일이었다.

당시 증권부에서 일하고 있던 나는 딴 생각에 젖어 있었다. 동료 기자들도 유로화가 많이 빠졌다고들 했다. 그리고는 모두 함께 기뻐했다.

"여름휴가는 유럽으로 여행 가자."

그렇다. 유로화에 투자할 거라는 생각은 일절 하지 못했다. 유로화가 그렇게 추락한다고, 더 추락할 거라는 전망을 매일같이 들었으면서 말이다.

종잣돈을 우습게 봤다가 놓친 기회

문제는 그뿐만이 아니었다. 돈도 없었다. 그때 나는 월급 받는 족족 모두 즐겁게 써버리는 철없는 싱글이었다. 흔히 말하는 종잣돈조차 없었으니 아마 유로화를 살 마음이 들었다 해도 기껏 20~30만 원 환전하는 데 그쳤을 것이다. 무지했던 나에게 저평가된 유로화는 유럽여행 기회로 보였지 투자 기회로는 보이지 않았다.

사실 그때는 뭔가에 투자해서 자산을 불리겠다는 생각을 해본 적도 없었다. 타임머신이 있어서 다시 돌아간다 해도 생각 없던 20대의 나를 달랠 자신이 없다. 유럽 사람들이 여유롭다고 비판하기 전에 내 자신을 돌아봤어야 했다.

그때 증권사에 다니던 친구가 요즘 여의도에서 너도나도 가입하는 펀드가 있다고 권했다. 당시 우리 또래 친구들 중 가장 야무지게 직장생활을 하고 있던 친구의 권유였기에 두말없이 가입했다. 그 펀드가 바로 유명한 인사이트펀드다. 중국에 '묻지마 투자'를 해서 매우 유명했던, 한창 뜨던 상품이었다.

인사이트펀드 덕에 친구과 함께 그 후 몇 년간 중국에 본의 아닌 장기투자자가 되었다. 펀드가 손해를 볼 수 있다는 걸 절감한 셈이다. 사정이 어쨌든 얼마 없던 돈이 더 없었다.

유로화를 사지 못한 이유는 또 있었다. 당시는 글로벌 금융위기 때라서 원화가 더 약세였다. 불안한 마음이 더 컸다. 복잡한 사정의 유럽도 문제였지만 글로벌 금융위기를 지나는 우리나라도 안심 안 되긴 마찬가지였다. 유로화나 원화나 별반 다르지 않을 것이라는 생각이 더 컸다. 나름 외환시장을 안답시고 저울질을 한 셈이다.

그러는 사이에 유로화는 반등세를 탔다. 유로-달러 환율은 수많은 재정위기와 채무상환 연기를 거듭하면서 올라가기 시작했다.

유로-원 환율은 2008년 7월에 1,600원대였다 10월에 2,022원대로 폭등했다. 무려 420원이 넘는 상승폭이다. 만약 정말 돈이 없어서 200유로만 환전했다고 하더라도 32만 원에서 44만 원으로 수익을 냈을 것이다. 환전이라도 해뒀더라면 꽤 나쁘지 않았을 투자였다. 하지만 투자를 못한 투자자들은 언제나 그렇듯 핑계도 오만 가지다.

그나마 위로가 되는 일은 그 뒤에 폭등했던 유로-원 환율이 점점 하락곡선을 그렸다는 것뿐이다. 첫 유럽 여행을 2011년에 갔으니 그때 여행자금으로 환전한 유로 환율도 그리 나쁘진 않았다. 단기로는 이익을 냈을지 모르지만 나중에 여행갈 때까지 유로화를 가지고 있었다면 또 고점에 환전했다고 아마도 배 아파했을 것이었다.

뒤통수가 대머리인 기회의 신은 또 온다

기회의 신 카이로스는 앞머리는 길고, 뒤통수는 대머리라고 했다. 지나가고 나면 잡을 수 없다고. 하지만 다행히 신은 나를 버리지 않았다.

살다 보니 유로화에 투자할 만한 기회는 또 왔다. 일어나지 않을 것 같은 일이 또 생겼다. 그때로부터 딱 7년 후 브렉시트가 터졌다. 영국이 유럽연합에서 탈퇴하겠다고 손들고 나선 것이다. 유로화 환율이 또 떨어지기 시작했다. 2015년 4월에 유로-원 환율은 1,151원대까지 하락했다. 기회였다. 지난번에 실수했다 치더라도 이번에는 보였다. '유로화가 너무 많이 하락했구나. 이것을 지금 사두면 어디에 쓰더라도 쓰겠구나.'

브렉시트 충격에 대한 기사도 수없이 썼다. 유로화 흐름을 토대로 기사로 쓰기도 했고, 시장 사람들의 전망도 모아서 쓰기도 했다. 매일 매일 유로화 환율을 보면서도 정작 유로화를 사지 못했다. 이번에도 또 못 산 것이다.

30대가 된 나는 브렉시트가 터졌지만 유로화말고도 살 게 많았다. 결혼을 한 터라 집도 사야 했고, 새로 이사한 집의 인테리어도 해야 했다. 돈 들어갈 곳이 너무 많아졌다. 유로화를 사더라도 또 여행자금일 뿐이었다. 2015년 연말에 터키 여행을 다녀왔으니 그나마 낮은 레벨에 유로화를 환전했다. 유로화와의 인연은 이렇게 끝이 났다.

말 많고 탈 많던 유로화는 어떻게 됐을까. 2020년 7월 5일 기준 1,348.54원이었다. 1유로 한 장의 가격이 우리돈 1,348.54원이다. 유로화를 못 사서 아쉬워하던 2015년 4월에 1,151원에 유로화를 샀으면 1유로당 197.54원의 이익이 났겠다. 만약 2015년 그때

100만원을 투자했다면 869유로 정도를 샀을 것이고, 그랬다면 지금은 약 17만 1천662원을 벌었을 것이다. 이자율로 치면 17%에 달하는 고수익이지만 아쉬워할 정도의 금액은 아니다.

큰돈을 투자하지 않는 우리에겐 언제나 기회가 다시 오는 법이다. 조금이라도 낮게 사서 높게 팔 수 있다면 언제든 소소한 용돈을 벌 수 있다.

유로화의 미래를 상상해본다. 유로화가 언제 망가질지 아주 암울한 상상도 해본다. 좋았던 시절보다 나빴던 기억이 많았던 통화였기에 언젠가 유로화가 망가지면 꼭 투자해보겠다고 다짐하기도 했다. 언젠가 유로화에 투자할 날이 올까. 유럽연합이 해체되거나 큰 나라가 이탈해 유로화가 급락하면 그때는 유로화를 살 수 있을까.

갑자기 이런 이야기가 떠오른다. 신이 로또 당첨을 기원하는 인간을 답답해하며 이렇게 말한다고 한다. "제발 좀 사라. 인간아!"

유로-달러 환율 보는 법

유로화는 외환시장에서 달러와 함께 가장 대표적인 기축통화다. 하지만 유로화와 영국 파운드화의 경우 달러화와 반대로 움직이는 경우가 많다. 유로-달러 환율로 보면 달러 강세일 때는 유로화 약세를, 달러가 약세일 때는 유로화 강세를 보인다.

외환시장에서는 유로화와 달러 환율을 볼 때 유로화를 기준으로 한다. 보통은 달러-원, 달러-엔 등으로 1달러가 얼마로 계산되는지를 본다. 달러-원 환율은 1,220.00원, 달러-엔 환율은 107.88엔, 이런 식이다. 하지만 유로화는 다르다. 1유로가 달러로 얼마에 계산되는지를 본다. 따라서 유로-달러 환율은 1.0912달러로 소수점 단위로 낮게 표시된다. 파운드화도 마찬가지다. 1.2208달러로 1파운드에 몇 달러인지 표시한다.

유로화가 원화로 얼마인지를 표시하는 재정환율은 달러와 비슷하다. 달러-원 환율이 1,220.00원이듯 유로-원 환율은 1,349.70원이다. 보통 미국 달러보다 유로화나 영국 파운드화가 더 비싸다.

유로화의 경우 기축통화 흐름과 맥을 같이 하지만 안전자산으로 꼽히지는 않는다. 유로화를 사용하는 19개국으로 구성된 유로존은 말도 많고, 탈도 많기 때문이다. 단일 통화를 사용하지만 제각각의 국가이기 때문에 이해관계가 맞지 않는 경우도 많다. 특히 영국의 경우 2020년 1월 31일자로 유로존을 탈퇴하기로 한 상태다. 영국의 Britain과 탈퇴 Exit를 합친 브렉시트(Brexit)가 유로화의 최대 변수였다. 그만큼 변동성도 컸다.

지난 2018년 9월에 1.18151달러대까지 갔던 유로-달러 환율은 2020년 3월 23일에는 1.06340달러까지 하락한 상태다. 달러화가 다시 강세로 가면서 유로화는 상대적으로 약세를 보였다.

유로화 투자에서 명심해야 할 사실이 있다. 현재 독일을 비롯해 일부 유럽 국가들은 마이너스 금리로 접어든 상태다. 유로화를 직접 사고팔아 환차익을 보려면 유로화 예금을 개설해두는 방법도 있다. 하지만 예금 금리는 거의 기대하기 어렵다. 심지어 유럽에서는 마이너스 금리가 확산되면서 유럽 최대은행인 HSBC가 유로화 등으로 예금을 맡긴 다른 은행에 수수료를 물리기로 했다는 소식도 전해졌다. 예금을 하면 오히려 보관료 명목으로 수수료를 내야 하는 셈이다. 은행에 예금을 하면 이자를 준다는 기존의 상식이 깨진 통화라 할 수 있다.

유럽 주식에 직접 투자하는 방법도 있다. 유럽 국가의 유명한 기업의 주식을 사서 투자하는 것이다. 국내 증권사를 통해 영국, 독일,

프랑스뿐 아니라 벨기에, 네덜란드, 스웨덴, 덴마크, 이탈리아, 핀란드, 스페인, 그리스, 오스트리아 등의 주식을 다양하게 투자할 수 있다. 특히 한국투자증권은 남아프리카와 노르웨이 증시도 오프라인 매매가 가능하도록 했다.

이 역시 주의할 점은 기업이 아무리 좋아도 유로화 환율이 엉망이면 수익률을 깎아 먹을 수 있다는 것이다.

주식으로 10%를 벌었는데 유로-달러 환율이 내려서 제로가 될 수도 있다. 반대도 가능하다. 주식으로 10% 잃었는데 유로화 환율이 올라서 원상복구가 될 수도 있다. 환율은 이처럼 해외투자 시 양날의 검과 같다.

한 가지 더 주의할 점이 있다. 주식과 환율을 열심히 계산해서 유럽 주식에 투자하더라도 증권사 수수료가 별로 저렴하지 않다는 것이다. 자꾸 사고팔고 하다가는 배(주식투자수익)보다 배꼽(수수료)이 더 클 수 있다.

나는 달러예금을 어떻게 활용했나?

외화통장을 요긴하게 쓰는 법

어김없이 나의 투자는 들려오는 소문과 팔랑팔랑 팔랑귀에서 시작된다. 2017년의 일이다.

도널드 트럼프 미국 대통령의 당선 이후 2017년 달러화가 수년 만에 약세를 보였다. 달러-원 환율이 빠르게 하락하고 있다는 소식, 발 빠르게 달러 예금에 가입하는 사람들도 조금씩 늘고 있다는 소문이 들려왔다. 환차익으로 수익을 내려는 수요가 있는 반면, 환율이 낮을 때 미리 예금에 넣어두고 휴가 자금을 마련하는 수요도 많다는 뉴스들도 보였다. 내년도 여름휴가를 계획하고 있었던 나는 그길로 인터넷뱅킹을 열어 외화보통예금 계좌를 만들었다. 이미 달러-원 환율이 연초 1,210원 수준에서 100원이나 하락해 1,110원대까지 내려온 상태였지만 여행자금을 준비하기에 나름 괜찮은 레벨이라고 생각했다. 더 내려가면 추가 입금하면 되니 고맙고, 여기서 반등해도 남는 장사였다.

고맙게도 달러-원 환율은 야금야금 하락했고, 나는 목표했던 휴가 자금을 평균 1,076.85원에 미리 환전해뒀다. 이후 2018년 초까지 달러-원은 1,050원대까지 더 하락했지만 나쁘지 않았다. 이후 변동성이 다시 커지며 위아래 등락이 심했다는 점을 고려하면 선방한 수준이었다.

달러 약세를 만든 사람들, 땡큐

트럼프 대통령의 당선과 달러-원 환율이 무슨 상관이 있는지 언뜻 이해가 가지 않을 수 있다. 1달러의 가격을 원화로 나타낸 것이 달러-원 환율인데, 달러 가치가 하락하면(달러 약세) 달러-원 환율은 하락한다. 트럼프 대통령은 후보시절부터 '강한 미국'을 주장하며 달러 강세가 미국 기업이 다른 나라 기업과 경쟁하는 것을 어렵게 만든다고 노골적인 불만을 나타냈다. 즉 달러가

약세로 가야 하는 분위기를 형성한 셈이다. 또한 트럼프 대통령
은 기준금리 인상에 나서려는 미국 연방준비제도(Fed, 미국 중앙
은행)에 금리인하를 요구하며 압박을 가하기도 했다. 이후에도 미
국 세제 개편안을 둘러싼 불확실성이 커지면서 달러 약세를 부추
겼다.

반면 원화는 한국은행이 기준금리를 인상하면서 강세를 나타
냈다. 때마침 캐나다와 통화스와프 계약도 체결했다. 달러-원 환
율은 달러 가치가 하락하고 원화가치가 상승하는 분위기를 반영
해 빠르게 하락했다.

2016년까지만 해도 달러-원 환율이 1,250원 가까이 상승했다.

2017년 말 달러-원 하락기

출처 : 연합인포맥스

2017년 9월 말 1,110~1,140원 사이 박스권에서 등락하던 달러-원 환율이 박스권을 뚫고 내
려오기 시작했다. 달러화가 약할 때 달러를 사두자는 개인이 늘면서 개인 외화예금도 함께 증
가했다. 달러-원은 1,050선까지 하락하며 2014년 10월 이후 가장 낮은 수준을 기록했다.

114

수년간 달러-원 환율 상승세가 진행된 만큼 2017년 한 해 동안 달러 약세가 진행되면서 달러-원 환율 하락폭을 키우자 다소 과도해 보이기까지 했다.

외화예금통장이 가져온 환차익

이후 필요한 달러를 외화예금통장에 넣어두고 수개월을 잊고 지냈다. 이후 2018년 들어 달러 강세가 다시 시작될 조짐을 보였다. 그해 4월 달러-원 환율은 3년여 만에 가장 낮은 수준인 1,054.00원을 저점으로 수개월간 박스권 등락을 끝내고 6월부터 빠르게 오르기 시작했다. 금리 인상을 예고한 미 연준과 달리 유럽과 일본 등 주요국 중앙은행이 통화완화 기조를 유지하겠다고 밝히면서 급격히 달러 강세 기조로 돌아섰다. 달러 강세가 다시 시작된 반면, 미국과 중국을 둘러싼 무역 갈등이 격화되면서 원화를 비롯한 신흥국 통화는 상대적으로 약세를 나타냈다. 불과 몇 개월 만에 상황이 정반대로 돌아선 것이다.

그해 8월 나는 가벼운 마음으로 외화예금통장에 있는 달러를 인출해 휴가를 떠났다. 외화예금을 활용하지 않고 환전을 했을 경우의 환율을 계산해 수익률을 비교해보니 4.27% 정도의 수익률을 낸 셈이었다. 애초에 휴가자금 자체가 많지 않았던 데다 수익률도 크지 않아 환차익을 얻었다고 자랑할 만한 수준은 아니지만, 첫 외화예금 활용치고는 만족할 만한 결과였다.

다만 외화예금을 활용한 휴가자금 만들기는 환차익이 크지 않은 이상 별로 효과적이지 않았다. 환전보다는 확실히 번거로운 방법이다. 외화예금에 있는 달러를 달러 현물로 받기 위해서는 당연히 직접 은행지점에 방문해야 한다. 이 경우 현찰 환전 수수료를 한 번 더 지불하게 된다. 그냥 환전이 나은지, 외화예금을 활용한 환전이 나은지 수수료를 계산해 꼭 따져봐야 할 대목이다.

환차익을 노린 투자 목적으로 외화예금을 가입한 경우라면 이후 차익실현 시 해당 은행의 원화계좌로 출금할 수 있는데, 전신환 환전 수수료가 한 번 더 나간다는 점에서 환전 수수료를 제외한 순이익이 얼마인지 고려해볼 필요가 있다. 환전이 목적이었다면 최근 은행에서 제공하는 모바일 환전 지갑을 활용하는 것도 방법이다.

외화예금통장, 어떻게 만들고 활용할까?

환율 변동을 활용한 환차익은 글로벌 자산가들이 주로 사용하던 투자 방법 중 하나다. 해당 통화의 가치가 하락했을 때 저렴하게 사두었다가 가치가 상승하면 되파는 구조다. 그러나 자산가가 아닌 소액투자자도 환율 변동성을 잘만 활용한다면 외화예금을 통해 쏠쏠한 수익을 올릴 수 있다.

외화예금통장에는 수시 입출금식 통장과 적금처럼 일정기간 일정 금액을 정기적으로 입금하는 적금식 통장이 있다. 환율 변동성을 활용해 환차익을 내기 위해서라면 수시 입출금식 통장을 만드는 것이 환율 변동에 대응하기엔 편리하다. 외화예금통장은 자주 사용하는 은행의 모바일 뱅킹을 통해서도 누구나 간편하게 가입할 수 있다.

외화예금통장을 만들었다면 투자 대상 통화를 골라야 한다. 외화예금통장은 거래가 가장 많은 미국 달러뿐만 아니라 유로화와 일본 엔화, 영국 파운드화 캐나다 달러 및 호주 달러, 위안화 등 10여 개 이상의 통화를 한 통장에서 관리할 수 있다. 보통 미국 달러화 거래가 가장 많다 보니 달러는 입출금 시 수수료가 없거나 우대를 받을 수 있다. 거래가 많지 않은 통화는 입출금 시마다 수수료가 붙을 수 있어 수수료를 제외한 순이익을 염두에 두고 투자에 나서야 한다. 환율 변동성을 활용해 환차익을 남기는 것이 목적이라면 투자기간 동안 해당 통화가 어떤 방향으로 움직이는지 동향을 잘 살펴야 한다. 부지런히 관련 통화, 해당 국가, 글로벌 경제 등 흐름을 파악해야 한다. 미국 달러에 투자했다면 달러화 가치에 직접적인 영향을 줄 수 있는 미국의 정치와 경제 상황, 경기 지표, 글로벌 경제 움직임 등을 눈여겨봐야 한다.

또한 환차익을 노린 투자라면 다시 원화로 환전해 수익을 올리는 구조인 만큼 원화가 어떤 요인에 영향을 받는지도 살펴야 한다. 미국 달러 가치가 추가로 하락할 때마다 사뒀다가 다시 오르기 시작하면 되파는데, 차익실현을 할 시기도 가늠해봐야 한다.

마지막으로 환율 변동성을 활용해 원하는 수준까지 수익을 올렸다면 이를 실현해야 한다. 외화예금의 수익 구조는 예금이자와 환차익이다. 환차익은 과세대상에 포함되지 않는다는 점 또한 외화예금의 큰 장점이다. 그러나 달러 출금 시 다시 원화계좌로 환전해서 가져와야 하는 만큼 환전 수수료가 발생한다. 보통 외화예금을 개설할 때 주거래은행을 이용하는 만큼 주거래은행의 원화계좌로 출금하면 편리하다.

해외여행을 대비해 해당국가의 통화가 쌀 때 미리 사서 외화예금에 넣어둔 경우라면 해당 통화를 원화로 재환전하지 않고 해당 통화를 현찰로 받아야 한다. 이때는 번거롭지만 영업점에 직접 방문해야 한다. 현금으로 받을 때는 현찰 환전 수수료가 발생한다. 그러나 최근에는 모바일 환전 지갑을 통해 환율이 쌀 때 미리 환전해서 보관할 수 있어, 단순히 여행자금을 위한 목적이라면 환전 지갑을 활용하는 것이 편리하다.

나는 왜 엔화를 고점에 샀나?

투자 목적으로 사고 여행으로 눈물의 강제청산

언니들의 투자 교훈
그래도 여행 다녀왔으니 되었다.

2019년 6월이었다. 미국과 중국의 무역분쟁이 합의에 이르지 못하고 글로벌 금융시장의 불확실성이 극에 달했다. 안전자산 선호현상이 커졌다. 경기가 안 좋다고 하는 마당에 믿었던 무역협상이 장기전에 들어가면서 달러-원 환율은 계속 들썩였다.

조금 있으면 여름 휴가시즌이었다. 무역분쟁으로 전 세계가 시끄러워도 나는 휴가를 가야 한다. 내 관심은 '휴가 시즌에 과연 환율이 얼마일까'였다. 언제 환전을 해야 조금이라도 이득을 보는지도 고민하기 시작했다. 그렇다고 예약해둔 해외 여행지가 있는 건 아니었다. 달러는 언제 바꿔둬도 쓸 데가 있다는 생각이 컸다. 안전자산에 대한 관심이 커지면서 달러를 집에 보관만 해도 손해 볼 건 없다는 생각이 더 컸다.

달러를 언제 사야 잘 샀다고 소문이 날까

그렇게 달러를 언제 사야 할지 손가락이 매일 들썩이던 어느 날이었다. 안전자산에 대한 공부를 열심히 하고 있었는데 문득 그런 생각이 들었다. 도널드 트럼프 미국 대통령은 기준금리를 내리라고 연방준비제도(Fed, 연준)에 압박을 하고 있고, 트럼프가 원하는 건 미 달러화의 약세다. '미 달러가 계속 안전자산이 될 수 있을까'라는 의문이 들었다.

그래서 꿩 대신 닭이라고, 달러 대신 일본 엔화에 눈을 돌리게 되었다. 엔화도 안전자산으로 분류된다. 일본은 해외 자산을 많이 갖고 있어서 위기가 생기면 해외에서 자국으로 돈이 들어온다. 그래서 위기가 닥쳤을 때 엔화로의 환전 수요가 많아지고, 엔화 가치가 오른다.

한국에서 엔화는 원화와 바로 거래할 수 있는 통화가 아니다. 원화를 달러로 바꾼 후 다시 엔화로 바꿔야 한다. 우리가 은행에 가면 엔화로 바로 바꿔주지만 그 속에는 두 번의 환전 과정이 들어간다. 그래서 엔화의 환전 수수료는 달러보다 비싸다.

이런 저런 고민만 많아지고 실행은 하지 못하고 있을 때였다. 점심 자리에서 안전자산에 대한 얘기가 나왔다. 트럼프가 약달러를 노골적으로 말하고 있어서 달러를 사야 할지 말아야 할지 고민이라고 말했다. 미중 무역분쟁을 사실상 환율전쟁으로 보면서 미국과 중국과의 패권 싸움에서 미국이 우위를 점할 수밖에 없고, 결국 약달러가 현실화할 것으로 예상했다. 이럴 때일수록 안전통화는 엔화가 될 가능성도 있다는 데 공감대가 형성되었다. 내가 머릿속에서 그린 시나리오에 확신이 드는 순간이었다.

공교롭게도 한일관계가 썩 좋지 않았다. 게다가 일본이 한국에 수출 규제를 하겠다고 선언을 했다. 일본이 정말로 한국에 수출 규제를 할 것이라고는 생각하지 않았다. 이러다 말겠거니 했다. 그런데 2019년 8월, 일본이 정말로 한국에 수출 규제를 시행했다.

설상가상으로 미 연준이 기준금리를 인하했는데 제롬 파월 미 연준 의장이 금리인하를 "중간 조정 과정"이라고 말하면서 금융시장이 크게 실망했다. 금융시장은 미국이 금리를 더 빨리, 더 많이 내려주기를 바랐는데 그 기대에 미치지 못했기 때문이었다. 안전자산 가격이 급등하면서 원화가치 약세 폭이 커졌다. 일본과 미국 이슈가 불과 2~3일의 시차를 두고 발생했다.

미국 연방공개시장위원회(FOMC) 결과가 발표된 날, 나는 통장에 있는 모든 돈을 털어 엔화를 샀다. 아침에 출근하자마자 엔화를 샀는데, 장중에 내내 오르는 것을 보면서 더 사지 못함에 안타까워했다. 달러-원은 미 FOMC 재료를 소화하면서 4거래일 만에 1,180원에서 1,223원까지 수직상승했다. 엔-원 재정환율도 1,087원에서 1,146원까지 올랐다. 엄청난 상승폭이었다. 국가의 입장에서는 썩 좋은 이슈는 아니었지만 용돈벌이를 했다는 마음에 내심 뿌듯했다. 장중에도 엔-원 재정환율 오름세를 들여다보면서 '드디어 나에게도 볕 들 날이 오는 것이냐'며 소소한 행복을 만끽했다.

얼마에 샀는지는 잊었지만 잘 쓴 통화

외환 당국의 개입에 환율은 이내 안정을 되찾았다. 재정환율 역시 서서히 제자리를 찾아갔다. 하지만 본질은 변한 게 없었다. 일본은 한국을 화이트리스트에서 제외했고, 미중 무역분쟁은 현재진행형이며, 미국 연준은 금리를 인하하고 있었다. 나는 안전자산에 대한 행복회로를 열심히 돌리면서 엔화를 얼마에 샀는지조차도 잊고 지냈다.

그 와중에 해외여행도 다녀왔다. 물론 반일감정이 격해지면서

일본 쪽은 쳐다보지도 못했다. 카드 수수료가 들긴 했지만 환전하는 것보다 현지에서 신용카드를 쓰는 게 더 편리했기 때문에 엔화는 내 외화지갑에 잠들어 있었다.

그렇게 가을이 되고 겨울이 왔다. 문득 외화지갑에 잠들어 있던 엔화가 생각났다. 부랴부랴 생각이 나서 들여다봤는데 내가 환전한 금액보다 한참 못 미치는 1,060원대에 가 있었다. 8월 초 며칠 동안의 뿌듯한 기분은 아쉬움으로 변해 있었지만 뒤늦은 후회일 뿐이었다.

미중 무역분쟁과 일본 수출 규제에도 금융시장은 놀라울 만큼 안정적이었다. 내가 바랐던 그런 움직임은 내년에도 없을 것 같았다. 이미 숱한 고비를 넘겼는데 이보다 더한 위기가 올까 싶었다. 다시 원화로 환전하자니 환전 수수료가 너무 아까웠다. 그래서 예정에도 없던 연말 일본 번개 여행을 가서 미리 환전한 돈을 다 탕진하고 왔다. 남들보다 비싸게 여행을 다녀왔지만, 어쨌든 내 수중의 엔화는 손실이 실현되면서 내게서 떠나갔다.

그렇게 엔화를 탕진한 지 한 달도 채 되지 않아 코로나 바이러스가 한국을 강타했다. 전염병 이슈가 있을 줄은 꿈에도 생각하지 못했다. 엔화는 내가 여행을 다녀온 시점을 저점으로 해서 1,100원을 훌쩍 넘어섰다. 이미 탕진한 엔화는 쳐다보면 안 되지만, 나는 지금도 가끔 엔-원 재정환율을 보면서 쓴 맛을 다신다.

재정환율이란 무엇인가?

국제 외환시장은 미 달러화를 중심으로 이뤄져 있어서 각 통화 간 시장이 발달되지 않았다. 재정환율은 외환시장에서 바로 거래되지 않는 통화를 달러 대비 가격을 이용해서 계산한 환율이다. 한국은 외환시장에서 현물환으로 직접 거래되는 통화가 미국 달러와 중국 위안화밖에 없다. 직접 거래되지 않는 통화는 각각의 시장에서 결정되는 가격을 토대로 교환 가격을 계산한다. 그래서 한 번 계산을 거친 환율이 필요하다.

예를 들어 일본 엔화는 국제외환시장(동경 외환시장)에서 거래되는 달러–엔 환율과 서울외환시장에서 거래되는 달러–원 환율을 조합할 수 있다. 원화를 달러로 환전한 후 다시 달러를 엔화로 환전하게 되는 셈이다.

예를 들어 달러–원 환율이 1,200원이고 달러–엔이 110엔일 경우를 보자. 엔–원 재정환율은 엔화는 원화로 얼마인가를 계산하는 것이다. 먼저 1,200원으로 1달러를 살 수 있고, 이 1달러를 갖고 엔화를 110엔에 살 수 있다고 생각해보자. 즉 우리돈 1,200원으로 110엔을 살 수 있는 셈이다. 그렇다면 1엔은 얼마에 살 수 있을까?

1200:110=X:1이 된다. 따라서 1200/110을 하면 1엔당 10.91원이 나온다. 엔화 재정환율은 기준 단위를 100엔으로 하기 때문에 100엔당 1,091.00원이 된다.

재정환율의 매매기준율은 서울외국환중개가 미 달러화와 해당 통화의 호가 중간율(Mid)을 매매기준율로 재정해서 산출한다. 매 영업일인 월요일부터 금요일까지 개장 전인 오전 9시 이전에 홈페이지를 통해 고시하고 연합인포맥스, 로이터, 블룸버그 등 단말기에서도 확인할 수 있다.

나는 왜 대만달러를 팔지 못했나?

여행 가고 싶은 나라의 통화를 저축하라

삶에 가장 큰 영향을 미치는 금융 변수가 금리라고 하지만, 체감상 내 인생에 가장 큰 희로애락을 주는 건 환율인 것 같다. 주식이야 사도 그만, 안 사도 그만이지만 여행에서 환전은 꼭 필요하기 때문이다. 여행을 못 간 귀신이 붙은 것마냥 1년에 한두 번은 꼭 해외에 가야 올해도 잘 살았다고 생각하고 있었다. 그렇기에 나는 환율에 유독 민감하게 반응한다.

2016년, 친구들과 대만으로 여행을 갈 계획을 세우고 경비를 걷었다. 금융권에 조금은 더 가까이 있다는 이유로 환전은 나의 몫이 되었다. 여행지는 정해졌는데 환율이 자꾸만 올랐다. 눈엣가시처럼 계속 거슬렸다. 여행갈 때 아니면 들여다보지도 않을 대만달러를 째려보면서 언제 환전해야 할지 타이밍만 봤다. 그 사이에 환율은 35달러 수준에서 2017년 초에 37달러 수준까지 높아졌다. 결국 여행을 코앞에 두고 더 이상 미룰 수 없을 때 환전을 했다.

친구들과 공동구매한 대만달러의 추억

대만달러는 원화에서 바로 환율 적용이 되지 않는다. 원화를 미 달러로 바꾼 후 대만달러로 다시 바꾸는 과정을 거쳐야 하기 때문에 환전 수수료는 두 배로 든다. 여러 명이 며칠 동안 쓸 양을 넉넉하게 환전했다. 모자라는 것보다는 남는 게 낫다는 생각에서였다.

여행지에서 친구들은 생각보다 소비를 덜 했다. 환전은 잔뜩 했는데 절반 가까이 돈이 남았다. 물건을 더 사면 됐겠지만, 이미 각자의 트렁크는 대만의 명물이라는 간식거리들로 꽉 차 있었다.

남은 대만달러를 친구들에게 분배해야만 했다. 수십만 원에 해당하는 금액을 나누려다가 곰곰이 생각해봤다. 내 첫 대만 여행은 너무 즐거웠다. 나중에 가족들과 또 오고 싶었다. 집에 가자마자 다시 대만으로 가는 비행기 표를 끊을 작정이었다. 이럴 경우 남은 대만달러를 원화로 바꿨다가 다시 대만달러로 바꾸는 일은 어리석다. 친구들에게 물어보니 다들 남은 대만달러를 다시 원화로 바꿀 계획이라고 했다.

게다가 몇 달 동안 환율이 오르는 것만 본 나는 환율이 계속 오를 것이라고 생각했다. 대만달러는 접해보지 않았지만 영국 브렉시트가 가결되면서 금융시장에 안전자산 선호인식이 꽤 많이 퍼져 있을 때였다. 올해는 경기가 좋아질 것이라고 했지만, 금융위기 이후 경기가 좋아진다고 하고 진짜로 경기가 좋아진 적은 없었다. 금융위기 당시 2%까지 내렸던 한국은행 기준금리는 2016년 6월에는 1.25%까지 낮아졌다. 기준금리로만 보면 금융위기 당시보다 경제가 더 안 좋아졌다는 의미로도 볼 수 있었다.

난 대만에 또 오겠다는 결심과 함께 친구들에게 원화를 주고 대만달러를 모두 가져왔다. 하지만 가족들은 여름의 대만여행이 죽어도 싫다고 했다. 덥고 습한 국가로의 여행은 겨울이 성수기였기 때문이다. 내 대만달러는 엉겁결에 겨울만 바라보며 1년여 동안 장롱에 잠들어야 하는 신세가 되었다.

그래도 괜찮았다. 대만달러를 여러 번 환전하느니 들고 있는 게 낫다고 생각했다. 또 경제는 계속 안 좋았으니까. 환율이 내려갈 가능성보다는 오를 가능성이 더 크다는 믿음이 있었다. 하지만 내가 환전했던 2017년 1월이 단기 고점이 될 줄은 꿈에도 몰랐다. 대만달러가 그해 내내 박스권 등락을 거듭하면서 큰 손실을 보지는 않았지만, 어쨌든 내가 예상했던 경로는 아니었다. 속이 좀 쓰리긴 했지만 즐거운 대만 여행을 생각하면서 참고 버텼다.

그나마 상당한 양의 대만달러가 집에 있으니 가족들이 이를 보면서 대만 여행을 생각해주기를 바랐다. 하지만 장롱에 잠자고 있는 대만달러를 기억하고 있는 건 나 하나뿐이었다. 가끔 대만달러가 집에 있다며 주의를 환기시키기도 했지만, 강력하게 여행을 제안하지 않은 탓에 대만 여행은 차일피일 미뤄졌다. 그 사이에 대만달러는 박스권을 깨고 내려왔다. 경기가 좋아지면서 원화 강세가 나타난 영향이었다. 원화 역시 내가 여행을 갔던 2017년 1월이 그해 연 고점이었다. 연중 내내 하락 흐름을 보였다.

환율이 떨어지니 괜한 오기가 생겼다. 남들보다 비싼 금액에 여행을 가고 싶지 않았다. 대만달러가 내 매수 레벨보다 높아지면 기분 좋게 여행을 가겠노라며 환율이 오르기만을 바랐다.

내가 매수한 레벨에 다다랐던 건 내가 대만달러를 환전한 지 2년이 더 지난 2019년 5월이었다. 한국 1분기 경제성장률이 고꾸라졌고, 설상가상으로 미중 무역합의가 결렬되면서 환율이 위로 튀어버렸다.

아껴둔 대만달러가 사라졌다

긴 시간 동안 대만 여행을 그리워했지만 나 역시 사는 데 바빠 옛날만큼의 여행 열정이 사라졌다. 대만달러가 생각났지만 또 하필 여름을 앞두고 있었다. 대만 여행은 이제 못 갈 것 같았고, 그나마 대만달러로 환전했던 수준까지 환율이 높아졌으니 원화로 다시 바꿔야겠다는 생각이 들었다.

장롱에 잠들어 있을 것이라고 생각했던 나는 대만달러가 사라진 것을 보고 소스라치게 놀랐다. 아무리 내가 관심을 끄고 있었지만 돈이 사라질 리가 없었다. 이상하게도 대만달러뿐만 아니라 여행 후 남았던 다른 통화도 모두 사라졌다.

가족에게 물어봤더니 2018년에 이미 한 차례 은행에 가서 원화로 바꿔왔다고 했다. 내 수중에 대만달러가 없었음에도 나는 대만달러를 쳐다보면서 쓰린 속을 달래고 있었던 셈이다. 심지어 가족이 대만달러를 환전했던 시기는 대만달러 환율이 가장 낮았던 때였다. 나는 졸지에 고점에 사서 저점에 매도한 어리석은 투자자가 되었다.

차라리 외화예금에 넣어뒀더라면 미미한 금액이었겠지만 이자라도 받았을 것이다. 외화예금, 외화지갑이라는 존재가 있다는 것을 알고 있었음에도 귀찮다는 이유로 계좌 개설을 하지 않은 게

뒤늦게 후회되었다. 현금을 집에 두고 있으니 잃어버릴 위험, 그 돈을 원화로 바꿔서 다른 자산에 투자했을 경우 얻을 수익의 기회비용 등을 생각하면 내 손실은 더 큰 셈이다.

나는 내 의지와 상관없이 대만달러를 강제 청산당했다. 대만달러를 보유하면서 꿈꿨었던 대만 여행도 아직까지 가지 못하고 있다. 다시 여행을 가게 되면 그땐 꼭 외화예금이나 외화지갑을 미리 만들어야겠다.

외화예금, 외화지갑이란 무엇인가?

외화예금은 외국 화폐를 은행에 예금하는 것을 의미한다. 우리가 원화로 통장을 만들 듯이 외화를 입출금하거나 정기적으로 예금하는 통장도 만들 수 있다. 외화예금은 원화와 똑같이 예금할 경우 이자도 받을 수 있다. 보통은 해당 화폐를 사용하는 국가의 기준금리를 따라가게 되지만, 예금하는 통화 국가의 기준금리가 한국보다 높은 경우 한국보다 더 높은 수준의 금리를 주지는 않는다. 즉 외화예금 이자는 많아봐야 한국 예금금리 수준에서 크게 벗어나지 않는다는 의미다.

외화예금은 입출금 시 환전 수수료가 들지만 예금자보호법에 의해 보호를 받을 수 있다. 물론 환율 변동에 따른 환차익, 환차손에 대한 보호는 안 된다. 외화예금은 다른 환전과 마찬가지로 수수료가 들기 때문에 적은 양의 외화를 넣는 것보다는 투자 목적으로 다량의 외화를 보유할 때 사용하기 좋다. 은행마다 입출금 시 환전 수수료에 차이가 있으니 비교는 필수다.

외화지갑은 환율이 낮을 때(원화강세) 미리 환전해서 보관할 수 있는 기능이다. 환전해서 은행에 보관한 후 되팔거나 현금으로 찾아서 여행 등 필요한 목적에 맞게 쓸 수 있다. 외화지갑은 대부분 모바일 어플리케이션에서 개설이 가능하다. 외화당 한도는 약 1천만 원 혹은 1만 달러 수준으로 정해져 있고 환전 가능한 통화는 미 달러화(USD), 유로화(EUR), 일본 엔화(JPY), 중국 위안화(CNY), 영국 파운드화(GBP), 홍콩 달러화(HKD), 호주 달러화(AUD), 뉴질랜드 달러화(NZD), 캐나다 달러화(CAD), 태국 바트화(THB) 등 다양하고, 은행마다 취급하는 통화도 다르다. 환전 수수료는 통화마다 차이가 있다.

외화지갑을 개설하기 위해서는 환전을 이용할 은행의 어플리케이션을 설치한다. KB국민은행은 어플리케이션 '리브'의 '리브모바일지갑', 신한은행은 어플리케이션 '쏠'의 '환전모바일금고'를 이용할 수 있다. 하나은행은 '환전지갑'이라는 이름으로 운영된다. 우리은행은 '위비 외화클립'이라는 모바일 전용 외화통장을 운영하는데, 입출금이 자유로운 모바일 전용 외화 통장이다.

외화지갑은 환율 우대 등 다양한 혜택이 있다. 달러화의 경우 최대 90%까지 환율을 우대하는 경우가 많고, 엔화 등 다른 통화도 우대 환율을 적용받을 수 있다. 소액 환전 및 소액 환테크는 외화지갑으로 하는 경우가 더 많다.

나는 왜 환전할 생각만 했나?

쉽게 투자할 수 있는 파생상품 찾아보기

투자의 범위를 넓히면 길이 보인다.

모든 투자가 그렇듯 외환시장도 마찬가지다. 싸게 사서 비싸게 팔면 이익인 것은 자명한 일이다. 다른 나라 통화를 싸게 사서 비싸게 팔면 된다. 보통의 외환시장 투자도 이렇게 이루어진다. 여행이나 유학을 가거나, 해외투자를 할 때 환전을 하면서 투자는 시작된다. 실사용 목적의 환전이 많다 보니 대부분은 필요 시점에 맞춰서 다른 나라 통화를 사고판다. 투자 목적의 환전은 흔치 않다.

외환시장에 관심이 있는 사람들은 틈틈이 달러를 사둔다. 나도 그렇다. 해외여행을 갈 때 가끔 사둔 달러가 꽤 큰 도움이 되었다.

동남아시아의 경우 대부분 달러가 통용되기 때문에 달러로 바꿔 두면 쓰기에 좋았다.

모바일로 환전 신청을 하고, 수령하고 싶은 은행 지점을 방문 해 찾기만 하면 된다. 여행 시기가 임박했을 때는 수령 지점을 공 항으로 선택하면 떠나기 직전에 바로 받을 수도 있다. 은행마다 환전 수수료와 환율 혜택도 주기 때문에 환전은 매우 편리해졌다.

지금까지 환전한 달러는 대부분 탕진

하지만 이런 식으로 사놓은 달러는 투자에는 별로 도움이 되지 않았다. 대부분 현금이기 때문에 쓸 일이 생겼기 때문이다. 여행 지에서는 돈이 남으면 최대한 비행기를 타기 직전까지 소비를 하 려고 애쓴다. 그렇기에 남는 돈은 동전이나 소액권에 불과했다. 좋은 환율에 환전하려고 그렇게 노력하면서도 실제로 환전으로 큰 이익을 보는 경우는 별로 없는 셈이다.

달러-원 환율은 얼마나 올랐을까? 보통 달러-원 환율은 시장 에 위험 요인이 발생하면 급등한다. 최근까지 미중 무역분쟁, 신 종 코로나 바이러스, 김정은 사망설 등 위태로운 뉴스들이 줄을 이었다. 달러-원 환율은 2020년 1월 14일에는 1,150.60원이었으나 3월 19일에는 1,296.00원까지 고점을 높였다. 무려 140원이나 급등한 수준이다. 1달러당 140원이 오른 셈이니 100달러면 1만 4천 원을, 1,000달러면 10만 4천 원을 벌었을 것이다. 물론 환전 수수료와 대고객 환율을 고려하면 수익은 조금 달라질 수 있지만 말이다. 중요한 것은 10% 이상 수익이 났을 것이란 사실이다.

환율 상승에 미리 환전을 못 해놓은 게 아쉬워 슬슬 배가 아파 왔다. 그렇지만 실시간 환율 레벨을 보면서 환전을 고민하다가 봉투에 달러를 약간 담아서 들고 나오며 기쁨은 딱 거기까지였 다. 그 후 달러는 소비의 늪으로 빠져 사라졌다. 환전을 했다 해도 결국 돈을 별로 못 벌고 끝났을 일이었다.

통화선물 ETF로 투자하기

하지만 주식시장에서 보면 외환시장 투자는 새로운 모습으로 다가온다. 보통 통화선물의 경우 증거금이 높아 개인들이 쉽사리 접근하지 못하는데 증시에서는 달러선물, 엔선물이 상장지수펀 드(ETF)로 상장되어 있었다.

KOSEF 미국달러선물 ETF는 2020년 1월 14일에 1만 2,175원에 저점을 기록했다. 이후 3월 19일에는 1만 3,760원에 고점을 기록했다. 앞서 설명한 달러-원 환율이 140원 오르는 동안 이 ETF는 1,585원 올랐다.

만약 내가 12만 원을 투자했다면 어땠을까? 100달러를 직접 저점에 사서 고점에 팔았다면 1만 4천 원 조금 못 되는 돈을 벌었을 것이다. 환전 수수료와 환율 우대, 은행에서의 대고객 환율 등으로 인해 별로 혜택을 못 받았다면 1만 원 남짓의 수익이 생겼을 투자다.

ETF에 투자했을 경우 1,585원에서 1% 정도의 수수료가 빠졌다고 하더라도 꽤 남는 장사다. 국내주식형 ETF의 경우 양도소득세가 면제되므로 수익은 고스란히 투자자의 몫이다. 앞서 언급한 저점에 ETF 10주를 사서 고점에 처분했다면 1만 5천 원 가량의 수익이 발생한다.

물론 항상 실제 환전에 나서는 것보다 ETF투자가 더 버는 것은 아니다. 왜 이런 차이가 발생할까? 직접 환전은 외환시장의 환율에 따라, ETF는 주식시장의 동향에 따라 움직이기 때문이다.

외환시장에서 달러-원 환율이 오르면 주식시장 투자자들도 달러 강세에 베팅하고 싶어 한다. 달러-원 환율이 오른다는 것은 달러의 가격이 오른다는 의미이므로 달러 자산을 보유하면 수익을 볼 수 있어서다. 자연스럽게 달러와 관련이 있는 상장 종목을 사려는 수요가 많아진다. 이런 니즈를 고려해 달러 인덱스를 추종하도록 만들어진 상품이 ETF다. 그렇기에 주식시장 투자자들이 많이 몰린다면 직접 환전에 나서는 것보다 ETF투자가 훨씬 편리한 투자가 될 수 있다.

ETF투자자가 몰려 가격이 급등하면 직접 환전을 할 때보다 돈을 더 벌 것이다. 하지만 매도 시점에는 시차가 존재한다. ETF투자자들이 한꺼번에 해당 통화 ETF를 사서 올랐다 하더라도 주식시장만의 다른 이슈가 생길 수도 있다. 수급 이슈일 수도 있고, 다른 매력적인 주식 종목이 고수익으로 인기를 끌 수도 있다. 이로인해 ETF가격이 다시 반락하면 실제 환전할 때보다 돈을 못 벌수도 있다.

엔화 역시 마찬가지다. TIGER 일본 엔선물 레버리지 ETF는 2020년 1월 14일 1만 185원이었는데 3월 13일에는 1만 3,500원까지 뛰었다. 1월부터 3월 사이에 약 3,315원이 오른 셈이다. 달러선물 ETF에 비해 상승폭이 크다. 엔화의 경우 안전자산으로 인식되면서 시장에 리스크 요인이 클 경우 인기가 높아지는 통화다. 하지만 3월 이후 코로나19의 여파로 한일관계가 경색되면서 일본과의 3개월 무비자 요건이 없어졌다. 일본 여행을 위한 엔화 환전은 사실상 실익이 별로 없어졌다. 엔화를 집에 쌓아둬봤자 여행을 가려면 한참 걸린다는 이야기다. 그럼에도 일본 엔화에 투자하고 싶은 투자자는 자연스럽게 주식시장으로 향하면 된다. 외환시장 투자를 주식시장에서 하는 셈이다.

투자수익과 환차익을 동시에 얻고 싶다면?

외환시장에 투자하려는 사람들은 기본적으로 환전 시기에 집중한다. 외화를 싸게 사서 비싸게 팔아야 환차익도 기대할 수 있기 때문이다. 투자수익과 환차익을 동시에 얻는다면 그야말로 '꿩 먹고 알 먹기'라 할 수 있다.

하지만 금융시장에는 환전뿐 아니라 다양한 방식으로 해외 통화에 투자할 방법이 열려 있다. 금융기관들이 환율과 연계한 다양한 상품을 내놓고 있어서다. 만약 이 과정에서 환전이 필요하다면 알아서 해준다.

가장 손쉽게 거래할 수 있는 상품은 상장지수펀드(ETF)다. 현재 한국거래소에는 미국 달러선물 레버리지와 인버스, KRX300미국 달러선물 혼합지수, 일본 엔선물 레버리지와 인덱스, 유로선물 레버리지와 인버스 등이 상장되어 있다. 이는 주식 종목을 거래하듯 홈트레이딩시스템(HTS)이나 모바일트레이딩시스템(MTS)으로 손쉽게 거래할 수 있다. 가격은 1만 원대에 머무르고 있다.

파생결합증권 상품도 환율이 기초자산인 상품이 있다. 달러-원 환율을 기초자산으로 증권사들이 파생결합증권(DLS)이나 파생결합채권(DLB) 상품을 내놓기도 한다. 달러–원 환율이 픽싱 환율을 토대로 얼마 이상 오르거나 떨어지지 않으면 높은 금리를 제공하는 상품이다. 특히 DLB 상품은 원금지급형이라 안정적으로 투자할 수 있다. 이들 상품은 달러–원 15시 30분 환율을 기준으로 한다.

상장지수증권(ETN)이라는 상품도 있다. 증권사가 만드는 ETN 중에서도 달러인덱스나 달러선물 등을 기초자산으로 한 상품이 있다. 이는 자산운용사가 운용을 통해 만드는 펀드인 ETF와 달리 증권사가 증권사의 신용으로 지수와 유사한 수익률을 보장하는 만기가 있는 상품이다. 투자자가 투자했을 때 증권사가 그 자금으로 자유롭게 운용을 해서 수익을 돌려준다. 채권과 비슷한 성격을 갖는다는 점에서 ETF와 다르지만 투자방식은 같다. 주식 종목을 사듯 매수와 매도를 자유롭게 할 수 있다. 다만 2014년에 생겼기 때문에 역사가 길지 않아 가격이 불안정하고, 유동성이 부족하다는 단점이 있다.

이처럼 환율에 간접 투자하는 상품은 눈여겨볼 만하다. 이런 상품은 단순히 환율 움직임에만 연동되는 것이 아니라 그때그때 시장 분위기에도 민감하게 반응하기 때문에 수급이 잘 맞으면 예상보다 높은 수익을 주기도 한다. 따라서 주요국 통화에 투자하고 싶을 경우 반드시 환전에 연연할 필요는 없다.

3장

언니들의
열 받은 채권투자 이야기

채권, 왠지 딱 이름만 들어도 비쌀 것 같지 않은가. 채권시장은 기관투자자들만 있을 것 같고, 개인투자자들은 범접하기 어려운 '그들만의 리그'로 생각된다. 하지만 요즘 금융시장은 다르다. 보통 사람들도 채권투자를 할 수 있도록 증권사들이 친절하게 방법을 알려주고 있다. 15%에 가깝던 고금리로 유명세를 탔던 브라질 국채부터 국내 기업의 소액 채권투자까지 멀기만 하던 채권투자는 어느새 우리 곁에 와 있다.

우리나라 기준금리가 0%대로 뚝 떨어졌다. 은행에 돈을 맡겨도 1년에 2% 받기가 어려운 시대다. 외국의 경우 이미 마이너스 금리로 진입해서 은행에 돈을 맡기면 보관료를 내야 할 지경이다. 이제는 예금만 해서는 돈을 불리기 어렵다고 볼 수 있다.

채권은 금융시장에서 대표적인 '안전자산'으로 꼽힌다. 특별한 사고가 없는 한 만기까지 가져가면 온전히 투자금을 돌려받을 수 있는 데다 중간 중간에 나오는 이자도 쏠쏠하다. 게다가 채권 자체의 가격이 오르내리니 매매 차익도 노릴 수 있다.

이번 장에서는 배 아픈 언니들의 채권투자 이야기를 다뤄본다. 물론 슬픈 이야기도 있다. 동정할 필요는 없다. 남의 일 같겠지만 초보투자자라면 언젠가 자신의 일이 될 수도 있다. 하지만 투자자로 거듭나는 과정에서 실패를 줄이려면 채권에 대해 알아볼 필요가 있다.

나는 왜 브라질채권을 충동구매했나?

금리인하기를 제대로 활용하는 법

언니들의 투자 교훈
고금리는 마음고생 값.

다른 나라 국채에도 투자할 수 있다는 것을 처음 알게 된 때는 2015년 어느 날이었다. 식사 자리에서 브라질채권에 투자해 크게 손해를 봤던 증권사들의 근황과 지금이 다시 투자할 시기가 아닌지에 대한 대화를 나눴다. 2011년 이후 높은 금리를 이점으로 브라질채권 판매에 열을 올린 증권사들은 2015년 브라질의 정치 불확실성과 신용리스크, 경기 불안 등으로 브라질 헤알화 가치가 폭락하면서 브라질채권 판매를 사실상 중단했다.

당시 한 업계 관계자는 증권사 등 금융기관이 브라질채권에 물려서 손실을 만회하느라 학을 뗐다며 당분간은 브라질채권을 취급하는 일이 없을 것이라고 말했다. 그러면서도 그는 투자하기에는 지금이 적기일 수 있다는 말을 흘렸다. 흥미로운 이야기였지만, 당시 나름 투자라고는 적금밖에 가입해본 적 없는 투자 초보에게 해외채권은 너무나 생소하고 거대하게만 보였다. 사실 아무 생각도 없었고, 투자할 돈도 없었다.

브라질이 망하지 않는 것에 베팅하다

그러나 돌이켜보면 정말 그때가 기회였다.

브라질채권을 까맣게 잊고 지낸 지 2년여의 시간이 지났다. 당시 나는 적금 만기가 다가오면서 주식 등 다른 곳에 투자를 시도해볼지 고민하고 있었다. 저금리 시대에 걸맞게 1년 동안 부은 적금 이자를 환산해도 1.4%밖에 되지 않는다는 사실이 큰 충격을 줬다. 그러던 나에게 브라질채권이 다시 흥하고 있다는 소문이 들려왔다. 브라질채권을 얘기했던 2015년 그때, "브라질채권을 매수한 아무개는 수익률이 120%를 넘었다더라" "아직 브라질 중앙은행이 기준금리를 계속 인하할 것으로 보여 수익이 날 여지가 더 남았다더라" 하는 이야기가 계속 들려왔다.

때마침 새로운 투자처를 찾고 있던 나에게 흥미로운 이야기였다. 나라가 망하지 않는 이상 그 나라 국채도 망하지 않을 것이란 믿음이 있었기에(지금 돌이켜보면 그리스 위기에서 교훈을 얻지 못한 자였지만) 나는 브라질채권에 한번 투자해볼 만하다는 생각을 했다. 10년 만기 브라질채권 발행금리가 9%대였는데, 6개월에 한 번씩 나오는 이자 수익을 단순 계산해도 6개월마다 투자금의 4.5%씩을 받을 수 있었다.

1년에 1.4%도 안 되는 적금과는 비교도 안 되는 수익률과 국가는 망하지 않을 것이라는 기대, 10년 만기 국채를 보유하는 동안 좋은 값에 채권을 매도할 수 있는 기회가 한 번은 오지 않겠느냐는 자신감이 나의 발길을 증권사로 이끌었다. 그 길로 나름 수수료가 가장 낮다는 증권사를 찾아 계좌를 개설하고 10년 만기 브라질채권을 샀다.

밑도 끝도 없이 브라질채권을 사러 왔다는 말에 증권사 직원이 더 당황한 모습이었다. 직원은 어떤 상품인지 알고 오셨냐며 나에게 반문했지만, 이내 상대의 의지가 강하다는 사실을 알아채고 계좌 개설과 상품 가입을 도왔다. 상품 설명 중 직원은 브라질채권이 초고위험 상품이라(채권임에도 불구하고!!) 비과세 상품이라고 설명했다. 이론상 채권은 안전자산이라고 배웠던 채권 기자는 국채가 비과세 상품이라는 말에 크게 당황하고 말았다.

그만두려면 그때 그만둬야 했을지도 모르겠다. 그랬다면 브라질, 그리고 나의 인내심과의 기나긴 싸움이 애초에 시작되지 않았을 것이다. 하지만 기껏 투자를 결심하고 거기까지 갔는데 "초고위험이라 투자자 보호 같은 건 없다"는 설계사의 말에 "아, 몰랐네요. 다시 생각해보고 오겠습니다" 하고 다시 발길을 돌리기가 쉽지 않았다. 나는 계획적으로 브라질채권을 충동구매해버렸다.

누군가의 투자 성공담이 내 귀에까지 들려오면 이미 늦었다고 했던가. 나는 또다시 막차 아닌 막차를 타야 했다.

2015년부터 브라질채권으로 인한 손실 소식이 들려온 이후 브라질채권금리는 꾸준히 상승하며 2016년 초 정점을 찍었다. 이후 중앙은행의 기준금리인하 행진의 도움을 받아 브라질채권금리는 1년 이상 아름다운 우하향 곡선을 그리며 800bp(베이시스포인트, 8%포인트) 가량 내려왔다. 채권은 금리와 가격이 반대로 움직이는 만큼 금리 상승은 채권 가격 하락을 뜻한다. 즉 브라질채권 가격이 2016년 초까지 하락하며 바닥을 찍었다가 이후 다시 상승곡선을 그리며 오르기 시작한 것이다.

기대에 부푼 나는 얼른 금리하락 행렬에 합류하기 위해 2017년 4월 브라질채권을 샀다. 하지만 브라질채권의 흥행은 1년 남짓 반짝하고 말았다. 때아닌 미셰우 테메르 브라질 대통령의 뇌물제공 의혹과 연금개혁 반발 등으로 정치 리스크가 다시 불거지면서

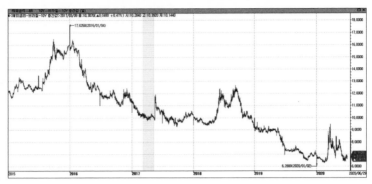

금리하락세 막바지에 올라탄 브라질채권

출처 : 연합인포맥스

브라질 중앙은행이 기준금리를 꾸준히 인하하며 경기 부양 의지를 보여줬지만, 브라질의 정치적인 불확실성이 커지면서 브라질채권금리는 다시 급등했다. 최근 코로나19 여파로 경기침체와 치안 우려가 확대되며 브라질채권은 다시 천덕꾸러기 신세가 되었다.

그해 5월 브라질채권 금리가 급등(!!!)했다. 1년 동안 800bp가 하락했는데, 그해 5월 18일 하루에만 10년 만기 브라질채권 금리는 170bp가량 급등했다.

이자를 야금야금 받으며 시간과의 싸움

기다리면 된다. 시간과의 싸움이다. 브라질이 망하지는 않을 것이다. 그렇게 나는 곤두박질치는 브라질채권 가격(금리와 반대)과 함께 널뛰는 마음을 부여잡고 침착함을 유지하려고 애썼다. 다행히도 브라질 중앙은행이 수차례 기준금리를 인하하며 내 마음을 달래줬다. 잊을 만하면 한 번씩 나오는 이자수익도 나를 위로했다. 그러나 브라질 금리는 내릴 만하면 대통령 탄핵 가능성과 국가신용등급 강등 이슈 등으로 다시 오르곤 했다.

그러나 감내해야 하는 고통은 금리뿐만이 아니었다. 설상가상으로 2차 고난의 행군이 다시 시작될 조짐이 보였다.

해외채권투자에서 고려해야 할 2가지 중요한 포인트는 금리 자체의 변동성뿐만 아니라 환율 변동도 고려해야 한다는 것이다. 브라질채권에 투자하려면 원화를 달러로, 달러를 다시 브라질 헤알화로, 이렇게 두 번 환전이 이뤄져야 한다. 마찬가지로 채권을 매도하고 이익금을 받을 때도 헤알화에서 달러화로, 달러화에서 원화로 환전이 이뤄진다. 중간에 달러화라는 통화가 껴 있고 나라마다 시차가 달라 환전에도 수일이 걸리는 만큼 여러 변수가 생기는 것이다.

당시 도널드 트럼프 미국 대통령 당선 이후 끊임없는 이벤트에 달러 약세가 진행되면서 상대적으로 원화가 강세를 보였다. 금리는 어떻게 저떻게 1년을 기다려 내가 샀던 수준보다 조금 더 낮아졌지만, 이후에는 원화강세가 내 발목을 잡았다.

이번엔 얼마나 더 기다려야 할까? 브라질채권에 투자한 내 자신에 대한 자괴감이 밀려올 때쯤 6개월 만에 이자가 다시 들어왔다. '그래, 이걸로 조금만 더 버티자. 예금에 넣어도 한국에선 6개월에 4% 넘게 주는 곳 없다'고 스스로를 위로하며 다시 버티기에 들어갔다.

아이러니하게도 브라질채권에 투자하면서 나는 브라질의 경기 회복과 정치 안정을 바라게 되었고, 반대로 한국은 얼른 달러대비 원화 약세를 바라게 되었다. 달러-원 환율이 올랐다는 소식보다 브라질채권 등급이 강등되었다는 소식이 더 가슴 아팠다. 국내 정치보다 지지부진한 브라질 정치 개혁에 더 분노했다.

이런 나의 바람이 무색하게도 코로나19로 글로벌 경기침체 우려가 커지는 가운데 브라질 헤알화 가치는 글로벌 금융위기 이후 가장 큰 폭으로 추락하는 모습이다. 전염병 우려에 유가 하락 충격, 여기에 브라질 법무부 장관 사임 등 정치 이슈가 브라질을 흔들고 있다. 아무래도 브라질은 당분간은 덮어두고 안 보이는 곳에 치워두는 게 정신 건강에 좋을 듯하다.

브라질채권은 왜 천덕꾸러기가 되었나?

"올 들어 브라질채권의 평가손실이 30%가량 발생하면서 '브라질채권 잔혹사'가 되풀이되고 있다. 국내에 8조 원어치 팔린 브라질 국채는 표면 이자율이 10%로 높지만 채권 가격과 환율 변동성이 커 '대박' 아니면 '쪽박' 사이를 오간다." 〈한국경제신문(2020년 5월 7일)〉

브라질채권은 양치기 소년 같다. '오른다!'는 기대에 많은 투자자들이 우르르 몰려갔다가 실망과 함께 돌아서고, '진짜 오른다!'는 말에 다시 투자자들이 몰려갔다가 결국 눈물을 훔친다. '이번엔 진짜 진짜 오른다!'는 말에 의심을 하면서도 미워도 다시 한 번의 심정으로 기대를 걸었다가 결국 남는 건 반토막난 계좌와 늘어난 욕뿐이다.

2014년 처음 시작된 브라질채권투자 열풍은 브라질의 국가 신용등급 강등으로 2015년 국내 금융시장을 호되게 몰아친 이후 한동안 잠잠해졌다. 이후 2016년 헤알화 강세와 기준금리인하로 수익성이 높아지면서 다시 국내 투자자들의 마음을 설레게 했다. 그러나 2018년 또다시 헤알화 가치 폭락으로 반짝 수익에 그친 이후 천덕꾸러기 신세로 전락하고 말았다.

여러 투자자를 울린 브라질채권에 대한 기대는 2019년 중순부터 다시 되살아나기 시작했다. 그동안 브라질 금융시장의 발목을 잡았던 연금 개혁 등 정치 리스크가 해소될 조짐을 보였기 때문이다.

오랜 시간 브라질채권투자자들을 지치게 했던 연금 개혁안 통과 가능성이 커지면서 이후 세제 개편과 민영화 등 다른 개혁도 탄력을 받을 것이란 기대가 커졌다. 그동안 브라질 연금은 수령 연령이 낮고 최소 납부 기간도 짧아 정부 예산에 큰 부담이었다.

이런 연금에 대한 개혁안이 오랜 시간 산고 끝에 2019년 7월 브라질 하원에서 1차 투표를 통과해 10월에는 의회에서 최종 통과되었다. 연금 개혁안 통과와 더불어 경기 회복을 위해 브라질 중앙은행이 기준금리를 내릴 것이란 예상도 브라질채권에 대한 기대를 키우는 데 한몫했다.

그러나 2020년 들어 신종 코로나바이러스 감염증(코로나19) 확산으로 세계 경제가 급격히 악화되고 덩달아 유가까지 하락하면서 브라질 헤알화 가치는 또다시 급락했다. 설상가상으로 브라질 중앙은행이 기준금리를 사상 최저치인 2.25%(2020년 6월 19일 인하)까지 내렸지만, 국채금리는 오히려 오르는 기현상까지 발생했다. 재정건전성 우려가 다시 커진 가운데 보우소나루 대통령 퇴진을 둘러싼 정치 불확실성이 커졌기 때문이다.

코로나19 이후 세계 경제가 회복되는 데도 시간이 걸릴 것이란 예상이 나오는 가운데 브라질채권 수익률이 회복되는 데도 상당한 시간이 걸릴 것으로 보인다. 특히 브라질은 코로나19 확산에도 대통령이 파티를 계획하고 레저를 즐기는 등 무책임한 모습을 보이고 있어 퇴진운동이 진행 중인데 이 같은 정치 혼란이 상당기간 이어질 것으로 보인다.

브라질채권에 투자하려면 우선 환차손에 유의해야 한다. 원화에서 해당 국가의 통화로 환전이 된다면 환위험이 줄어들지만 대부분의 신흥국 국채에 투자할 때는 원화에서 달러화로, 다시 달러화에서 해당국 통화로 환전하게 된다. 해당국 통화가치가 하락할수록, 원화의 통화가치가 상승할수록 환전 시 수익이 줄어들 수 있다.

고금리도 중요하지만 해당 나라의 정치 경제 건전성을 꼭 살펴야한다. 요즘 같은 저금리 시대에 신흥국채권이 주는 고금리 매력이 크다. 그러나 금리가 높을수록 그만큼 위험도 높아진다는 사실을 명심하자. 쉽게 말해서 국채는 국가 신용을 담보로 나라가 돈을 빌리는 것인데, 기꺼이 빌려주겠다는 곳이 없으니 높은 이자를 지불하면서라도 돈을 빌려오려는 것으로 이해할 수 있다. 2016년 그리스 채무불이행(디폴트) 우려에 그리스 국채금리가 급등한 점을 기억하자.

금리인하기를 활용할 필요도 있다. 채권은 금리와 가격이 반대로 움직인다. 금리를 하락한다는 것은 내가 가진 채권의 가격이 상승한다는 말이고, 반대로 금리가 상승하면 채권 가격은 하락한다. 국채금리는 해당 나라의 중앙은행이 결정하는 기준금리를 따라가는 만큼 금리 인상기가 시작될 때 채권을 산다면 당분간 채권 가격이 하락할 것으로 예상할 수 있다.

브라질채권은 고금리 이자와 더불어 비과세 혜택이 있다는 점에서 인기를 끌었다. 2011년 한국과 브라질 정부가 맺은 조세 협약의 영향으로 이자수익뿐만 아니라 매매차익, 환차익에 대해서도 세금을 부과하지 않는다.

나는 왜 물가채를 사지 못했나?

물가채에 투자하는 법

언니들의 투자 교훈

물가는 낮지만 물가채는 뜨거웠다.

한 고위 공직자가 물가채를 보유하고 있어서 화제가 된 적이 있다. 채권은 거래 단위가 주식이나 펀드보다 크고 이자지급 등 현금흐름이 다른 자산과는 다르기 때문에 손쉽게 접근하기 어려운 자산 중 하나로 알려져 있다. 고액 자산가들이 포트폴리오 분산 차원에서 매매하는 경우가 많다. 그래서인지 그 당시 그의 물가채 보유가 왠지 모르게 신기한 일이라고 생각했다.

지금은 물가채에도 세금을 물리지만 2015년까지는 물가채 활성화 등을 이유로 비과세 대상이었다. 물가채는 이자에만 세금을 물리고, 물가가 상승하면서 원금이 함께 늘어날 경우 원금에 대해서는 세금이 없다. 그나마도 분리과세를 신청할 경우 이자도 금융소득종합과세 대상에서 제외됐었다. 그래서 물가채는 돈 많은 자산가들의 절세상품으로 인기를 누렸다.

물가채 전성기의 비결은 비과세

채권이 자산가들의 인기상품이고 물가채가 절세상품이라는 것도 알았지만 조막손인 내가 감히 채권에 투자할 수는 없었다. 채권은 자산가의 영역이어서 접근 자체가 불가능했던 것도 있고, 자산가의 대열에 합류하기 위해 부지런히 종잣돈을 마련하는 것이 우선이었다. 꼬박꼬박 이자가 나오는 채권은 고수익을 바라보는 나에게 한가하고 배부른 자산의 하나였다.

물가채가 생각보다 꽤 괜찮은 자산이라는 것을 알면서도 접근하기 어렵다는 이유로 마음조차 주지 않았다. 하지만 물가가 오르내릴 때마다 습관처럼 물가채를 한 번씩 들여다보게 되었다.

2008년 금융위기 이후 천문학적인 유동성이 금융시장에 풀리면서 인플레이션이 높아질 것이라는 전망이 파다했다. 금융위기 이후 2009년 7월부터 2011년까지만 해도 물가상승률이 점차 높아지면서 인플레이션이 현실화하는 듯했다. 하지만 물가상승률이 1%대로 낮아지면서 물가채 매력도 점점 줄어들었다. 2012년부터 2016년 상반기까지는 물가가 추세적으로 낮아지긴 했지만 비교적 변동이 크지는 않았다. 게다가 물가채는 2015년부터 과세로 바뀌면서 투자자의 시선에서 멀어지는 듯했다.

가끔 물가채와 관련한 이슈를 접할 때마다 그 공직자가 생각났다. 내 머릿속에 물가채 보유가 너무 강렬하게 자리 잡은 탓이었다. 물가가 2011년 이후 추세적으로 낮아지면서 투자로 손해를 봤을 것이라고 생각했다. 물가채를 팔고 싶지만 공직자 재산변동이 미칠 파장 등이 있을 테니 이러지도 저러지도 못하는 상황이지 않을까 되레 추측하기도 했다. 나는 그가 한편으로는 안타까웠다. 다른 자산에 투자하면 더 높은 수익을 기록할 수도 있을 텐데 물가채에 물려 있다고 생각했다.

물가가 오르면 미소 짓는 투자자

2017년 봄, 해마다 한 번씩 나오는 공직자 재산이 공개되었다. 다른 사람은 어떤 투자를 하고 있는지 늘 궁금한 나는 고위 공직자들이 어떤 자산에 투자했는지, 수익이 얼마나 났는지 등을 보고 있었다. 그런데 물가채를 보유한 그가 물가채로 평가이익이 났다는 사실을 발견했다. 2016년 8월부터 물가가 꾸준히 오른 영향이다. 물가가 오르면서 원금도 함께 늘어나고, 물가채 가격 자체도 높아졌을 것이다. 시간이 지날수록 채권 만기가 짧아지면서 가격이 오르는 효과도 누렸을 것이다.

역시 자산가는 뭘 사도 된다더니, 그는 물가채로 연환산 6% 넘는 수익을 기록한 것 같았다. 연 6%가 높은 수익률일 수도 있고 아닐 수도 있겠지만 한번 사서 묵혀두면서 이 정도 수익을 낼 수 있다면 탁월하다고 생각했다. 세상에서 제일 쓸데없는 게 남 걱정이라더니, 나는 나와 비교할 수도 없는 자산가의 투자를 평가하고 있었던 것이다.

여전히 나는 물가채를 살 종잣돈도 없었다. 그렇다고 주식이나 다른 투자를 해서 탁월한 수익을 낸 것도 아니었다. 그저 마이너스만 나지 않으면 다행이었고, 마이너스가 나더라도 수업료를 냈다고 위로하곤 했다. 그렇게 낸 수업료가 얼마인지 이제는 셀 수도 없다.

물가채에 관심이 생겨서 알아보니 2012년 이전에 발행된 물가채는 과세되기 시작한 2015년 이후에 매수해도 원금 증가분에 대한 과세가 제외되고 분리과세 혜택이 동시에 적용된다고 했다. 인플레이션 기대가 크지 않은 시기에도 절세 목적으로 핫한 아이템이었던 셈이다. 물가가 많이 하락해서 원금 손실이 생겨도 만기까지 보유하면 액면 금액을 받을 수 있다. 물가채도 어쨌든 채권이기 때문이다. 그래서 자산가들 사이에서 2012년 이전에 발행된 물가채는 없어서 못 사는 채권이라고 했다.

그는 공직자 자리에서 물러났다. 이제는 그의 물가채 평가이익을 구경할 수 없다. 나는 여전히 그 물가채가 안녕한지 궁금하다. 아마도 그는 물가채를 중간에 팔지는 않았을 것 같다. 시간이 흘러 그 물가채는 2021년에 만기가 돌아온다. 그는 물가채를 사면서 10년이라는 시간을 함께 샀고, 중간에 물가상승률이 마이너스를 기록하기도 했지만 대체로 행복한 투자가 되지 않았을까 생각한다.

물가채, 이렇게 투자하면 된다

물가연동국고채(이하 물가채)는 원금과 이자가 물가에 따라 변동하는 채권인데 10년 만기 채권으로 발행된다. 물가에 연동하는 이유는 물가변동위험을 제거해 투자자의 실질구매력을 보장하기 위해서이다. 물가 상승에 투자하는 채권으로 이해하면 되는데, 물가채 원금과 이자가 소비자물가지수(CPI)에 연동해 변하는 만큼 CPI가 상승하면 만기 때 받는 액면 금액과 6개월마다 받는 이자가 함께 증가한다.

우리나라 물가채는 국채 투자기반 확충과 국채시장 발전을 위한 인프라 제공을 위해 2007년 3월 인수단 방식으로 최초 발행되었다. 이후 투자수요 부족 등으로 2008년 8월 발행을 일시 중단했다가 2010년 6월부터 비경쟁인수방식으로 발행을 재개해 현재까지 운용중이다. 정부는 국고채전문딜러(PD)에 호가의무를 부여하고 물가채 경과물 교환과 물가채 인수옵션 행사시간 확대 등 물가채 활성화를 위한 노력을 지속하고 있다.

물가채투자는 어떻게 할까? 물가채에 투자하는 방법은 크게 3가지가 있다. 직접 입찰에 참여하거나 장내채권시장에서 유통되는 물가채를 사들이거나 물가채에 투자하는 펀드에 투자하는 방법이다.

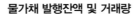

물가채 발행잔액 및 거래량

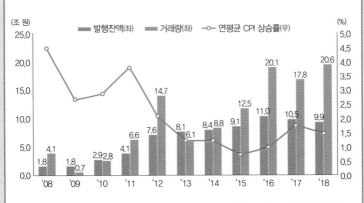

출처 : 기획재정부 국채백서2019

물가채 발행잔액은 꾸준히 늘어나는 추세다. 2008년 8월 발행을 일시 중단했지만, 2010년 6월부터 발행을 재개했다. 물가채 거래량을 늘리기 위한 정부의 노력도 이어지고 있다.

일반인의 입찰 참여는 2012년 4월부터 가능해졌다. 물가채 등 국고채를 인수하고자 하는 일반인은 PD로 지정된 기관에서 계좌를 개설한 후 PD를 통해 국고채 인수를 신청할 수 있다. 입찰이 공고된 날부터 입찰 전일 사이에 PD에게 인수 희망 금액을 기재한 입찰청약서를 제출하고 청약증거금을 납부하면 된다. 일반인의 최소 응찰금액은 10만 원이며, 최대 응찰금액은 10억 원이다.

정부는 일반인이 입찰에 참가한 경우 발행예정금액의 20% 범위 내에서 국고채를 우선배정한다. 입찰 금리는 경쟁입찰을 통해 결정된 최고낙찰금리가 적용된다.

국고채 교부와 낙찰금액의 납입은 입찰일 다음 날에 이루어진다. 국고채는 모든 종목이 등록 발행되고 예탁결제원에 예탁되므로 실물채권 교부없이 매매 및 권리 행사가 가능하다.

물론 입찰에 직접 참여하는 방식뿐만 아니라 물가채에 투자하는 펀드를 통해 물가채투자를 할 수도 있다. 일반인들이 정확한 분석과 예측을 통해 물가채에 투자하기 부담스러운 만큼 펀드를 이용한 간접투자가 더 일반적이다.

국내에는 없지만, 물가연동국채 상장지수펀드(ETF)에 투자하는 방법도 있다. 미국 물가채(TIPS)를 추종하는 지수로 물가뿐만 아니라 환차익을 노린 수익도 가능하다.

물가채는 정부가 발행액면 금액을 보장하는 국고채의 한 종류로 안정성이 높다. 물가채는 물가 상승에 투자하는 채권인 만큼 인플레이션이 예상될 때를 대비한 투자가 가능하다. 그러나 물가 하락이 예상되는 시장에서는 주의가 필요하다.

2020년 들어 신종 코로나바이러스 감염증(코로나19) 확산으로 인해 경제 활동이 제약을 받으면서 경기침체 우려가 커지고 있다. 특히 소비자물가지수에 영향을 미치는 국제유가가 수요 감소에 급락하는 등 물가채 약세 요인이 지속되고 있다. 그러나 코로나19 이후 세계경제가 살아나며 경기가 활성화될 때 물가도 오를 확률이 높은 만큼 여러 요인을 고려해 투자를 결정해야 한다.

또한 물가채는 다른 국채대비 표면금리가 낮아 절세효과가 있다. 과거에는 물가 상승에 따른 원금 증가분에 대해서는 비과세를 했지만, 2015년 이후 발행된 물가채부터 증가분에 대해 과세를 한다. 이자소득에 대한 분리과세도 2013년 이전 발행분에 한해 신청 가능하지만, 2013~2018년 이전 발행분은 3년 이상 보유한 후 신청할 수 있다. 2018년 이후 발행분에 대해서는 신청이 불가하다.

참고 자료
기획재정부 국채백서 2019
한국경제교육원

나는 왜 채권형펀드를 환매했나?

너무 자주 들여다보니 머리보다 손이 먼저 나갔다

사람들은 금융자산 중에서도 주로 주식에 투자한다. 주식투자가 보편적으로 알려져 있어서 비교적 쉽게 접근할 수 있기 때문이다. 애초에 증권부로 발령을 받았더라면 주식과 좀더 친해질 수 있었겠지만 나는 귀동냥으로 주식을 배웠다. 남들과 다를 바 없는 개미로 고군분투하던 중 왠지 주가가 하락할 것 같은 느낌에 주가지수 인버스투자를 계획했다. 그때만 해도 ETF가 활성화되어 있지 않아서 펀드 가입을 통해 포지션을 잡는 게 더 보편적이었다.

인버스펀드를 살펴보다가 채권형펀드가 눈에 들어왔다. 주식과 채권은 반대 관계를 갖고 있다. 주가 하락에 베팅하는 건 채권 강세를 보는 것과 결이 비슷하다. 이론적으로 경기가 좋으면 주가는 오른다. 경기 개선·과열에 따른 인플레이션을 억제하고자 중앙은행이 기준금리를 인상하고, 채권은 약세를 나타낸다.

금리하락기에는 채권형펀드 가입을

금융위기 이후 주식과 채권과의 관계가 무너졌다고는 하지만 여전히 주식과 채권이 역의 관계라는 건 상식 수준에서 받아들여지고 있다. 주식 인버스펀드에 투자하려고 알아보다가 곰곰이 생각해보니 채권형펀드에 가입하는 게 더 낫겠다는 생각이 들었다. 업무상 주식보다는 채권금리를 들여다볼 일이 더 많았기 때문이다. 그렇게 예정에도 없었던 채권형펀드에 덜컥 가입을 했다. 그때가 2016년 초였다.

운이 좋게도 연초부터 채권금리는 급락했다. 많은 돈을 펀드에 넣은 건 아니었지만 일을 하면서 금리가 하락했다는 기사를 쓸 때마다 손가락이 그렇게 가벼울 수가 없었다. 2016년 1~2월 중 국고채 3년물 채권금리는 20bp 가까이 떨어지기도 했으니 말이다. 금리가 단기간에 큰 폭으로 내려오는 것과 동시에 펀드 수익률은 높아졌다.

금리가 떨어지는 구간이 있으면 횡보하면서 숨 고르는 기간이 있기 마련이다. 기간조정을 받는 동안 내 펀드 수익률은 이익 폭을 줄였다. 지금이 기회니 돈을 더 넣을까 싶다가도 혹시 금리가 반등해버리면 어쩌나 싶은 걱정이 들었다. 채권금리 방향성에 대한 확신이 사라지니 채권에 우호적이지 않은 뉴스들만 눈에 들어오기 시작했다.

한국에서는 총선을 앞두고 여당을 중심으로 한국판 양적완화를 이슈화했다. 한국 기준금리가 높은 상황이어서 현실적으로 말이 안 됐지만, 양적완화는 유동성을 무제한적으로 공급한다는 차원에서 채권에도 우호적인 재료다. 하지만 총선 결과가 여소야대로 끝나면서 한국판 양적완화 기대도 사라졌다.

하필 미국에서는 기준금리를 점진적으로 인상하겠다는 입장을 내놓았다. 미국이 기준금리를 인상하면 글로벌 유동성이 줄어든다. 채권에서도 자금이 일부 빠져나가는 건 감내해야 한다.

주식 인버스에 베팅하려다가 얼떨결에 채권형펀드를 가입한 나는 인내심이 그렇게 많지 않았다. 이런 뉴스들을 접하고, 또 기사를 쓰면서 마음속 불안함이 커졌다. 한국은 기준금리인하 기대가 남아 있었지만 이것이 마지막 금리인하라면, 금리인하가 현실화된 후에는 오히려 금리가 반등할 가능성도 적지 않았다.

그렇게 채권형펀드에 서너 달 투자를 하고 나는 과감하게 펀드 환매를 신청했다. 수익률 자체가 나쁘진 않았지만 각종 수수료를 떼고 나니 밥값 정도를 벌었다. 그래도 나름대로 경제와 금리 흐름을 분석해서 수익을 얻었다는 생각에 뿌듯했다. 나도 채권에 투자해서 돈을 벌 수 있다는 생각에 자신감이 붙었다.

하지만 그 자신감은 오래가지 않았다. 미국이 금리 인상을 하겠다고 했지만 한국 국채금리는 계속 떨어졌다. 기준금리인하에 대한 기대 때문이었다. 바닥이라고 생각했지만 채권금리는 내가 펀드를 환매한 후 20bp 정도가 더 떨어졌다. 지지부진한 기간조정의 끝물을 버티지 못하고 환매를 했던 셈이다. 만약 두 달만 더 참았더라면, 차라리 채권 관련 부서에서 일을 하지 않았더라면 좀더 무심하게 하루하루를 넘기면서 수익을 더 낼 수 있었을 텐데 하는 아쉬움이 크게 남았다.

분석과 투자는 다른 영역이라더니, 나는 투자에 대한 감은 없다고 생각해 의기소침해졌다. 앞으로 채권 쪽은 들여다보지도 않겠다고 다짐했다.

그래도 나는 운이 좋은 편이었다. 내 예상대로 한국은행이 기준금리를 인하한 후 채권금리는 저점을 찍고 반등하기 시작했다. 채권 유동성 관련 이슈가 불거지면서 그해 가을에는 금리가 큰 폭으로 올라 연초 금리보다도 높아졌다. 채권형펀드에 돈을 묻어 두고 관심을 껐다면 수익은커녕 연 환산 기준으로 손실이 날 뻔 했다.

안전자산을 원한다면?

그 이후 ETF 열풍이 불면서 채권금리 상승과 하락에 베팅하는 것도 쉬워졌다. 펀드 운용 보수나 중도환매 수수료 없이 ETF로 다양한 포트폴리오 구성이 용이해졌다.

채권형펀드 투자를 경험하고 몇 년이 지난 2019년 초, 지인이 그해 주요 투자로 국고채 10년 ETF를 강력 추천했다. 그는 본인의 퇴직연금을 국고채 10년 ETF에 모두 몰아넣었다고 했다. 경제가 좋지 않다는 건 누구나 다 알고 있었지만 '퇴직연금 전부를 채권에 넣는 건 위험하지 않을까'라는 걱정이 앞섰다. 2016년 채권형펀드 환매 타이밍에 실패해 속이 쓰렸던 경험도 불현듯 떠올랐다. 그래서 나는 지인의 말을 귓등으로만 넘겼다.

그해 채권금리는 6개월 동안 수직 낙하했다. 1월부터 3월까지 금리가 박스권 등락을 한 후 하락하기 시작하는데, 그 기울기가 어마무시했다. 한국의 1분기 경제성장률이 추락하면서 한국은행

금리인하 기대가 커졌다. 뒤이어 미중 무역협상이 결렬되면서 안전자산 선호현상까지 더해졌다.

채권투자자 입장에서는 이보다 더한 호재는 없었다. 국고채 10년물은 연초 이후 8월 중순까지 77bp나 급락했다. 물론 그 이후 금리가 급격한 조정기간을 거쳤지만 연간으로는 수익을 냈을 것이다. 증권사 등 기관투자자들도 이때가 유례없는 채권 호황기였다고 전했다. 금리 급락에 다들 지갑이 두둑해졌다고 했다. 나도 똑같이 매일 채권시장을 들여다봤지만 내 지갑에서는 마법이 일어나지 않았다.

ETF 시장 구조

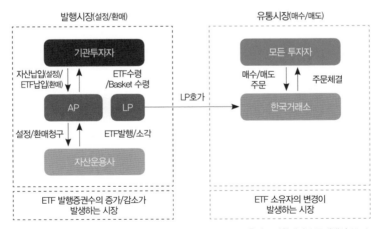

출처 : 기획재정부 국채백서 2019

ETF는 특정 지수를 추적하는 펀드다. 발행시장에서 ETF 설정과 환매 등이 이뤄지면 거래소 시장을 통해 개인 등 모든 투자자들이 이를 주식처럼 쉽게 사고팔 수 있다.

채권 ETF, 이렇게 투자하면 된다

상장지수펀드(ETF, Exchange Traded Fund)는 주식이나 채권 등 기초 자산을 추종하는 간접 투자상품으로 거래소에 상장되어 주식처럼 거래할 수 있는 상품이다. 기존 주식 거래 계좌가 있다면 이를 통해 사고팔 수 있다.

채권 ETF는 주로 국채나 통화안정증권, 국공채, 우량회사채 등을 기초자산으로 하며 주로 단기 상품의 비중이 높다. 최근 미국 연방 준비제도(Fed)가 신종 코로나바이러스 감염증(코로나19) 확산으로 인한 경기침체를 막기 위해 기준금리를 큰 폭으로 인하한 가운데 한국은행도 금리인하 가능성이 커지고 있어 투자 가치가 커지고 있다. 채권은 금리와 가격이 반대로 움직이는 만큼 금리하락은 채권 가격 상승으로 이어지기 때문이다.

국고채 ETF란 국고채 관련 채권지수를 추적한다. 특정 국고채 지수 의 가격과 수익률 성과를 추적하도록 설계되었다. 2009년 시장 대 표성을 확보할 수 있는 국고채 지수가 개발되면서 3년 만기 국고채 지수 수익률 움직임에 연동하는 ETF 출시가 가능해졌다. 2009년 7월 국고채 ETF가 한국거래소 시장에 최초로 상장되었다.

금융상품 간 비교

구분	ETF	주식	인덱스 펀드	액티브 펀드	지수선물
운용목표	특정 인덱스	인덱스 초과수익	특정 인덱스	인덱스 초과수익	헤지 및 차익
법적성격	집합투자 증권	지분증권	집합투자 증권	집합투자 증권	파생상품
투명성	높음	높음	보통	보통	높음
유동성	높음	높음	낮음	낮음	높음
결제일	T+2	T+2	T+3	T+3	T+1
증권대차	가능	가능	불가	불가	불가
레버리지 기능 (증거금 매입)	가능	가능	불가	불가	가능
거래비용	위탁 수수료 운용보수 (약0.5%)	위탁 수수료	운용보수 (1~2%)	운용보수 (2~3%)	위탁 수수료
전 증권사 거래	가능	가능	판매사 한정	판매사 한정	가능
시장위험	시장위험	시장· 개별위험	시장위험	시장· 개별위험	시장위험
분산투자	가능	불가	가능	가능	가능
증권거래세	면제	매도 시	적용배제	적용배제	면제

출처 : 한국거래소

ETF는 주식의 성격과 펀드의 성격을 모두 가지고 있는 상품이다. 구체적으로 주식이나 펀드와 어떻게 다른지 비교해본 후 자금 사정이나 투자 목적에 적합한 상품에 투자해야 한다.

국고채 ETF는 10만 원 내외의 소액으로도 투자가 가능하고, 기관 투자자 시장에서 형성되는 가격과 유사한 가격에서 거래할 수 있다는 이점이 있다. ETF의 특성상 개별 종목에 대한 분석보다 시장 방향성에 투자하는 만큼 상대적으로 안전하고 분산투자의 이점도 있다. 또한 ETF는 자산구성내역을 공시할 의무가 있어 투명성이 높다. 다만 인덱스펀드의 일종인 ETF의 성격상 원금손실의 위험이 있고 운용사의 능력에 따라 ETF별 운용 수익률에도 차이가 있을 수 있다.

개인은 ETF를 매매를 통해 이익을 실현할 수 있다. 주식처럼 매매되지만 ETF는 세법상 주식이 아닌 펀드로 분류되는 만큼 증권 거래세가 부과되지 않는다. 다만 배당이나 이자수익 등으로 추적대상지수와 괴리를 보이는 경우 그 부분을 분배해야 되는데 분배금에 대해서는 배당소득세가 부과된다. 2010년 7월 세제 개편으로 해외지수나 상품 등을 추종하는 ETF는 보유기간 과세가 부과된다.

참고 자료
전국투자자교육협의회
기획재정부 국채백서 2019
금융투자협회
한국거래소
한국거래소 ETF 블로그

나는 어쩌다 회사채에 투자했나?

1만 원으로 괜찮은 회사에 투자하기

언니들의 투자 교훈

만기의 기쁨을 기억하라.

회사채 같은 것은 절대 내 인생에 들어올 일이 없는 투자처였다. 그저 회사채란 기관투자자들이나 어디 재계의 유력인사들이나 갖고 있는 채권인 줄 알았다. 딴 세상 이야기 같은 것이라고나 할까. 그러니 관심도 없었다. 회사채는 어마어마하게 비쌀 것이고, 내게는 그런 자금은 없으니까 말이다. 그런 편견을 증권사가 톡 하고 깨뜨려줬다.

내가 한창 증권사 계좌를 세 곳이나 가입할 때였다. 단기간에 계좌를 많이 열면 이상한 사람으로 찍혀서 확인 절차가 필요하다

는 걸 그때 처음 알았다. 증권사별 서비스를 비교해보기 위한 목
적이었지만 하마터면 범죄에 이용되는 대포통장 방지를 위한 '단
기간 다수 계좌 개설' 건에 해당될 뻔했다. 그때 비대면으로 계좌
를 개설한 S증권사의 MTS에서 재미있는 알람이 떴다.

채권을 1만 원대에 살 수 있다고?

자금이 20만 원 밖에 없었기 때문에 주식을 사기도 애매해서
그냥 두던 참이었다. 그때 '강원지역개발 14-11이라는 채권을
소액 투자하라'는 공지가 떴다. 매매 단가 1만 893원, 이자율이
1.72%였다. 그렇게 회사채를 산 건 순전히 호기심 때문이었다. 소
액 투자인 만큼 금리 수준은 아무래도 좋았다. 2%든 3%든 1만 원
도 안 되니까 그게 그거였다.

매매 정산금액은 1만 3,071원. 세상에 1만 원대에 지방채를 사
다니 새로운 경험이었다. 당시 나는 강원도에 흠뻑 빠져 있었기
때문에 강원도를 개발한다는 채권은 더없이 마음에 들었다. 강원
도의 인기를 보면 이 채권은 투자가치가 충분하다고 혼자서 결정
했다.

그 뒤에 현대로템 채권도 판다고 했다. 이자율이 2.92%여서 마

음에 들었다. 또 회사채를 샀다. 현대로템이면 철도 전문 업체였다. 남북 경제협력 이야기가 나올 때도 빠짐없이 주목받는 회사가 아닌가. 나는 그렇게 남북경협 테마의 철도 관련주를 사는 대신 회사채를 매수했다.

이후 회사채 매수는 마치 쿠팡에서 뭔가를 사듯 계속되었다. 언젠가는 '폴라리스쉬핑 26-1이라는 채권을 소액으로 쪼개서 판다'는 공지가 떴다. 금리 수준은 연 2.72%. 만기는 6개월이었다. 온라인 가입으로 한정했기 때문에 신기했다. 한국은행 기준금리가 0%대로 가는 마당에 2%대 금리 채권은 왠지 괜찮아보였다.

폴라리스쉬핑은 어떤 회사인가. 이 회사는 외항화물운송업체로 노르웨이 오슬로 증시에 상장하기 위한 준비도 하고 있었다. 채권 신용등급은 BBB+였다. 재미있어 보이면 투자하는 문어발 투자자답게 매수버튼을 누르고 있었다. 매매단가 1만 34원, 매매수량 19만 9천 원, 이자율은 2.77%였다.

초저금리에는 회사채 쇼핑

나는 어느새 회사채를 2가지나 보유한 채권투자자가 되어 있었다. 그렇지만 채권에 대한 내 인식은 적금과 매한가지였다. 장외채권이라 사실 거래도 어려웠다. 매수 버튼은 증권사에서 잘 만들어뒀는데 매도하려니까 제대로 거래가 안 되었다. 그렇다 보니 자연스럽게 만기 보유하는 쪽으로 가닥이 잡혔다. 소액이라 투자한 사실조차 잊혀져갔다.

그러던 어느 날, 증권사에서 메시지가 왔다.

〈채권이자/원리금 지급〉
20만 276원(폴라리스쉬핑 26-1) 상환입금되었습니다.

수익은 계산기를 두드릴 것도 없었다. 1천 원 정도 번 것인가. 그런데 왜 나는 이렇게 또 함박웃음을 짓고 있는 것인가. 사실은 채권투자 후 무소식이어서 이렇게 끝나나 했었다. 돈이란 게 빌려줄 때는 앉아서 빌려줘도 받을 때는 엎드려서 받게 된다던 할머니 말씀이 떠올랐다. 떼인 줄 알았던 돈이 돌아와서 그저 기뻤다.

이렇게 첫 채권 만기를 경험했다. 그리고 그 돈은 고스란히 쿠팡이 가져갔지만 나는 괜찮았다. 그저 기뻤다. 채권에 투자해서 만기 상환을 받는 일은 내 평생 처음이었으니까. 이것은 적금 만기보다도 더 기쁜 일이었다. 본디 회사채란 회사에 돈을 빌려주는 것 아닌가. 회사에 빌려준 돈을 떼이지 않고 돌려받은 것이니 만족도는 더욱 커졌다.

다만 내가 진짜 큰돈을 회사채에 투자했다면 수익 면에서는 아쉬움이 컸을 것이다. 특히 현대로템의 경우 회사채 수익률은 2.7%에 그친다. 게다가 한국기업평가는 현대로템의 장단기 회사채 등급을 BBB+로 낮췄다고 한다. 부채비율이 362.6%에 달할 정도로 재무안정성이 악화된 데다 영업손실도 크다고 한다. 코로나19 여파로 회사채 시장이 얼어붙으면서 회사채 수요도 줄어든 상황이라고 한다.

반면 현대로템의 주가는 아주 멋진 그래프를 그리고 있다. 정부가 남북 철도사업을 재개할 경우 힘을 받을 수 있다는 기대에 투자자들이 주식투자에 나섰다. 현대로템 주가는 3월 19일에는 8,630원 수준이었는데 불과 한 달 사이에 1만 7,300원으로 두 배나 뛰었다. 실제 주식투자를 했다면 두 배 수익을 냈을 리 만무하지만 숫자만 보면 주식투자가 더 나아 보인다.

물론 주식을 샀다면 주가가 두 배 뛰는 사이에 내 마음도 널을 뛰었을 것이다. 사야 하나, 팔아야 하나를 고민하며 수없이 매수·매도 버튼을 오갔으리라. 하지만 채권투자를 하면 이런 고민이 덜하다.

채권을 안전자산이라고 하는데 다른 의미에서 안전한 점도 있다. 가격이 바뀌는 동안 찾아오는 매수·매도 고민에서 상대적으로 안전하다. 일단 잘 몰라서 가격 확인을 잘 안 한다. 가격이 올라도 장외거래가 많아 팔기가 어렵다. 그러니 애매한 레벨에서 매번 매도 고민을 하지 않을 가능성이 크다. 그러다보면 만기가 찾아오고 안정적인 수익률을 받고 마무리하는 식이다. 괜히 안전자산이 아니다.

갑자기 다른 이야기지만 잊고 있었던 사실이 떠오른다. 만기를 기다리고 있는 채권이 하나 또 있다. 회사채는 아니고 국채다. 그 채권에 투자했다가 고금리에 돈을 많이 벌고 있다는 동료의 말에 나도 슬쩍 발을 들였다. 최근에는 계속 악재만 들려오고 있다. 환율은 내동댕이쳐진 지 오래고, 유가마저 급락하면서 비상사태라고 한다. 정치 상황도 어지럽다나.

언젠가 여행 가서 삼바춤을 보고 싶다며 가입한 그 채권이 무사하길 기원해본다. 아마 우리나라에 그 나라가 잘못되지 않기를 바라고 있는 사람들이 많을 것이다. 밑도 끝도 없는 결론, 브라질 파이팅!

더 알아보기

회사채 투자, 이렇게 하면 된다

채권에 투자하고 싶어도 망설여지는 가장 큰 이유는 돈이다. 당장 10억 원 이상의 돈을 투자해야 국고채를 한 주 살까 말까 한 상황에서 채권투자는 엄두를 내기 어렵다. 그래서 보통 사람들은 채권에 투자하고 싶은 마음을 담아 머니마켓펀드(MMF)나 환매조건부채권(RP) 등의 초단기채권형 상품에 가입한다.

MMF는 주로 90일 이내로 만기가 짧은 CP(기업어음)나 CD(양도성 예금증서) 등 단기 금융상품에 주로 투자한다. 그렇기 때문에 금리가 높은 편이고, 환매도 쉽게 된다.

RP는 금융기관이 일정 기간 후에 다시 매입하겠다는 약속을 하고 파는 채권으로 만기가 되면 이자를 붙여서 되산다. 이 역시 수익률이 저금리 기조 속에서도 3% 이상 가는 경우도 있었다.

요즘은 증권사들이 자기자본 4조 원 이상의 '초대형 투자은행(IB)'으로 몸집을 키우면서 발행어음이라는 상품을 내놓기도 한다. 어음은 지금 거래를 하면 어음 만기일에 돈을 주겠다고 약속하는 것으로, 채권과 유사하다. 발행사의 신용도를 믿고 투자자들이 자금을 맡기면(빌려주면) 어음 기일에 증권사가 돈을 돌려준다. RP와 발행어음

둘다 채권과 비슷한 성격을 갖는 상품이다.

RP는 증권사가 단기로 파는 채권을 투자자가 사면 나중에 증권사가 도로 되사면서 이자를 주겠다고 약속하는 상품이다. 증권사가 담보도 설정하고, 국공채 등에 안정적으로 투자하는 상품이지만 1998년 7월 25일 이후 발행한 상품은 예금자보호를 받지 못한다. 채권 거래지만 채권을 주는 것은 아니고 RP통장이라는 것을 준다.

발행어음은 초대형 증권사가 나중에 돈을 갚는다는 조건으로 발행하는 증서다. 단기간에 자금을 끌어모으기 위해 발행한다. 금리가 상대적으로 높고, 투자기간은 1년 이내로 짧은 편이다. 발행어음은 주로 초대형 증권사가 발행하므로 예금자 보호가 되지 않더라도 꽤 안정적이다.

가끔 나오는 특판 상품 중에 전자단기사채라는 것도 있다. 줄여서 전단채라고도 부르는데 이 역시 채권투자의 일환이다. 전자거래로만 되므로 종이로 된 실물 증서는 없다. 주로 3개월에 한 번 만기가 돌아오며, 금리 수준이 높다. 이 상품 역시 예금자 보호가 안 된다. 보통 1천만 원 이상 가입해야 하는 경우가 많은데 고액자산가들 사이에서 인기가 많아 특판이 대체로 단기에 종료된다.

하지만 이런 채권투자로 성에 안 차는 투자자들은 회사채를 살펴볼 만하다. 최근에는 증권사들이 회사채를 소액으로 매수할 수 있도록

하고 있어 투자가 쉬워졌다. 매수 버튼만 누르면 투자가 가능하다. 투자금액이 적어 접근성이 좋고, 수익률도 3%를 웃도는 회사채가 많다.

채권투자를 하면 만기까지 여러 차례 이자를 받을 수 있고, 만기 안에 가격변동에 따른 차익도 볼 수 있다. 다만 중도 환매는 가능하나 모든 회사채가 중도에 팔기 쉬운 것은 아니다. 장외 거래가 필요할 수 있다.

회사채는 회사의 신용 등급이 중요하다. AAA부터 BBB까지는 투자하기에 괜찮은 등급이나 BB 이하 등급은 투자할 때 회사의 상황을 좀더 잘 살펴볼 필요가 있다. 국내 증권사들의 트레이딩 시스템으로도 충분히 매수·매도가 가능한 만큼 누구든 증권사 계좌가 있다면 회사채 투자를 시작해볼 수 있다.

회사채 등급별 분류

구분	신용등급	평가내용
투자등급	AAA	최고 수준의 신용상태, 채무불이행 위험 거의 없음
	AA	매우 우수한 신용상태, 채무불이행 위험 매우 낮음
	A	우수한 신용상태, 채무불이행 위험 낮음
	BBB	보통 수준의 신용상태, 채무불이행 위험 낮지만 변동성 내재
투기등급	BB	투기적인 신용상태, 채무불이행 위험 증가 가능성 상존
	B	매우 투기적인 신용상태, 채무불이행 위험 상존
	CCC	불량한 신용상태, 채물불이행 위험 높음
	CC	매우 불량한 신용상태, 채무불이행 위험 매우 높음
	C	최악의 신용상태, 채무불이행 불가피
	D	채무불이행 상태

출처 : 한국기업평가

회사채는 회사의 신용 등급이 중요하다. AAA부터 BBB까지는 투자하기에 괜찮은 등급이다. 하지만 BB이하 등급은 채무불이행 위험이 높다는 평가가 들어간다. 투자할 때 회사의 상황을 잘 살펴볼 필요가 있다.

언니들의
눈물겨운 부동산투자 이야기

누구나 인생에서 한 번쯤 부동산을 고민해야 하는 시기가 온다. 보통 결혼을 생각할 무렵에야 부동산에 관심을 갖는다. 집을 살 때가 돼서야 부랴부랴 부동산 공부를 시작한다. 사회초년생 시절에는 부동산투자는 진정한 어른들의 문제로 생각될 때가 많았다.

지금 집을 산다고 해보자. 공인중개사를 찾아가 매물을 추천받고 그중에 직접 가본 후 골라서 매입하는 것이 가장 보편적인 경로다. 청약통장을 준비해서 새로 짓는 아파트에 청약을 하기도 한다. 이런 과정에서 매물을 고르는 것도, 청약통장을 준비하는 것도 미리 부동산에 관심을 가지면 좀더 수월하게 할 수 있다.

부동산투자는 우리가 살아가는 집뿐 아니라 또 다른 공간에 대한 투자이기도 하다. 시장에는 아파트, 주택, 빌라, 오피스텔, 상가, 농가주택, 토지 등 다양한 부동산이 있다. 우리 인생에서 어떤 부동산을 어떻게 만나게 될지 모른다. 집 한 채 마련하는 것으로 끝날 수도 있고, 주말농장용 토지를 사거나 노후를 위해 전원주택을 살 수도 있다. 아니면 수익을 내기 위해 오피스텔이나 상가를 매입할 수도 있다.

이번 장에서는 배 아픈 언니들이 제시하는 부동산투자 경험을 통해 부동산시장은 어떤 곳인지 조금이나마 알아보려 한다. 사람이 살아가는 방식은 다 비슷하지만 부동산은 일상을 바꾸는 큰 변수가 된다. 생활공간, 자녀교육, 교통수단, 공원이나 운동 시설이 변하고, 임대수익이나 텃밭농사 등 삶의 새로운 패턴이 생기기도 한다. 기억해두자. 30대일 수도 있고, 60대일 수도 있다. 살면서 부동산이 필요한 시기가 반드시 온다.

나는 왜 신혼집을 사지 못했나?

나도 부동산에 관심은 있었다

언니들의 투자 교훈
빛도 자산이다.

경제 분야에서 기사를 쓰다 보면 어떤 분야든 결국 연결되는 게 부동산이다. 부동산은 우리가 어릴 때부터 배웠던 '의식주'에 들어갈 정도로 살아가는 데 필수적이다. 한국은행이 기준금리를 올리고 내려도 부동산에 어떤 영향을 미치는지가 중요하게 거론된다. 주식시장과 부동산도 뗄 수 없는 관계다. 부동산정책이 긴축 쪽으로 움직이면 여유자금이 주식으로 들어오면서 주식시장이 호황을 보인다고 전망하는 사람들도 있다.

그뿐인가. 부모님 세대는 내집 마련이 인생 최대의 목표였으며,

4장 언니들의 눈물겨운 부동산투자 이야기 **195**

우연한 기회에 집을 마련한 사람들은 똘똘한 집 한 채가 자식 교육까지 시켜준다는 것을 그간의 경험으로 너무나 잘 알고 있다. 기술적 분석이나 정책분석 따위는 모르지만 경험으로 축적된 '부동산 불패'는 우리 민족에게 하나의 믿음으로 자리했다. 그리고 그런 부동산 신념은 대물림되었다.

빚은 나쁜 거 아니었어?

물론 나도 부동산에 관심은 있었다. 다만 돈이 없었을 뿐이다. "어디 가서 빚지지 말고 살아라"고 말씀하셨던 부모님의 가르침 덕분에 나는 은행에 지는 빚조차도 죄악시했다. 그 덕에 나는 대학 시절부터 월세와 전세살이에 익숙했다.

그런 나의 인식을 바꾸기 시작한 것은 결혼이었다. 같은 성향의 사람끼리 만난다고 했던가. 결혼 당시 우리는 집을 사기에 충분한 돈을 모으지 못했던 젊은 나이였다. 그래도 결혼하는데 내 집 한 채 정도는 있었으면 좋겠다고 생각했다. 어느 정도는 빚을 질 생각을 하고 직장과 가까운 지역의 집들을 알아보았다.

2000년에 지어진 24평형 복도식 아파트 매매가가 2억 1천이라는 말을 듣고 나는 망설였다. 둘이 가진 전 자산을 합해도 2억이

채 되지 않는데 빚을 내서 아파트를 산다는 것이 썩 내키지 않았다. 아파트를 산다고 해도 좁아터진 복도식 아파트에 살림을 구겨넣어 신혼집을 시작한다는 게 싫었다. 그렇다. 돈은 없지만 생활환경은 깔끔하고 남부럽지 않아야 한다고 생각했던 나는 허세녀였다.

그래서 나는 그 돈으로 더 큰 평수의 전세로 신혼을 시작했다. 그리고 생활의 만족도는 컸다. 집은 넓었고 신혼가전을 충분히 들이고 집을 꾸밀 수 있었다. 전세 만료 시점인 2년이 지났다. 우리는 전세 계약을 연장할지, 집을 살지를 두고 또 고민에 휩싸였다.

둘이 벌어 아파트 값 상승분을 못 모은다니

2년 동안 아파트 가격은 1.5배가 뛰었다. 2억대 초반이었던 24평 복도식 아파트는 3억 가까이로 뛰어올랐다. 물론 둘이 벌어 돈을 모으고 있었지만 아파트 가격 상승분만큼을 모으지는 못했다. 나는 땅을 쳤다. 어차피 맞벌이인데, 집에 들어앉아 있는 시간이 얼마나 된다고 큰 집을 선호했던가.

후회를 했지만 뛰는 집값은 나를 기다려주지 않았다. 지은 지 10년이 넘은 복도식 아파트가 3억까지 간다는 게 여전히 이해가 되지 않았다. 심지어 그 집은 지하철 역과도 멀었고, 마을버스를 타고도 10분 정도를 더 가야 하는 곳이었다. 주변에 상가가 있지만 이마트 같은 큰 생활 편의시설이 있는 것도 아니었다. 심지어 언덕진 곳에 있었다. 내 상식으로서는 그 아파트는 3억 근처까지 갈 이유가 없었다.

글로벌 금융위기 이후 경기 회복 속도는 더뎠다. 그 와중에 한국은행은 기준금리를 슬금슬금 올리고 있었다. 다들 경기둔화 가능성을 언급했다. 부동산가격은 그 시점을 고점으로 꺾일 것이라고 생각했다. 그래서 나는 전세를 연장했다. 2년 후에는 분명 우리가 집을 살 기회가 올 것이라 믿고 더 열심히 돈을 모았다.

하지만 나의 예상은 철저하게 빗나갔다. 최경환 부총리는 취임하자마자 우리나라 경제가 디플레이션 위험에 빠졌다고 했다. 나는 고개를 끄덕였다. 그와 나는 생각이 비슷했지만 그는 내 편이 아니었다. 최 부총리는 LTV·DTI 규제를 완화했다. 부동산 고삐를 풀어버린 셈이다. 정부의 부동산 규제완화에 한국은행도 장단을 맞췄다. 한국은행은 2014년 2.25%에서 2016년 1.25%까지 기준금리를 내렸다. 유례없는 저금리였다.

부동산시장이 들썩이기 시작했다. 집값은 슬금슬금 올랐다. 이쯤 되니 마음 한켠에 불안한 마음이 엄습했다. 혹시 이렇게 집값이 오르다가 내집을 영영 마련하지 못하는 게 아닐까. 하지만 나는 전세만기가 남아 있었다. 만기 전에 계약을 파기하고 집을 사기에는 절차가 복잡했다. 그리고 여전히 나는 빚을 내서 집을 사야만 했다. 만기까지 기다리기로 결정했다.

안타깝게도 시간과 돈은 내 편이 아니었다. 시간이 흐를수록 부동산가격은 나의 불안함을 타고 계속 상승했다. 정부는 가계부채를 잡겠다고, 고정금리 대출 비중을 늘리겠다고 했다. 드디어 내가 저렴한 금리로 집을 살 기회가 왔다는 생각이 들었다. 주택금융공사는 2% 초반으로 고정금리 대출전환을 한다고 밝혔다. 기회라고 생각해서 집을 사려고 알아봤지만 이 대출은 이미 집을 갖고 있는 사람을 대상으로 했다. 집이 없는 것도 서러운데 대출 전환 대상자도 아니었다. 나는 그렇게 정부정책에 철저하게 소외되었다.

이제는 넘볼 수도 없는 강의 남쪽을 바라보면서 분노가 치밀었다. 소외되었다며 슬퍼하고 현실을 직시하는 데 몇 년이 걸렸다. 그리고 집값은 그때도 그렇고, 지금도 나를 기다려주지 않았다.

신혼만이 누릴 수 있는 대출혜택

결혼을 하면서 빚 없이 집을 장만하면 더없이 좋겠지만 대부분은 빚을 내서 집을 장만하곤 한다. 주택도시기금에서는 신혼부부 전용으로 주택구입 자금을 대출해준다.

2020년 현재 부부합산 연소득이 7천만 원 이하여야 하고, 소유하고 있는 자산(자동차 등)의 순 자산가액이 3억 9,100만 원 이하(통계청이 발표하는 가계금융복지조사에서 소득 4분위 전체 가구의 평균값 이하가 2020년 기준 3억 9,100만 원이다)인 무주택 세대주가 주택구입 대출을 받을 수 있다. 단, 부부는 생애 최초 주택구입자여야 한다. 세대원 중 한 명이 무주택자가 아닐 경우 대출이 제한된다. 분양권과 조합원, 입주권도 주택 보유로 간주된다. 혼인기간이 7년 이내거나 3개월 이내 결혼 예정자가 신청할 수 있다. 구입하려는 주택의 전용 주거면적이 85m² 이하 주택으로, 대출 접수일 현재 담보주택의 평가액이 5억 원 이하인 주택이 해당된다. 수도권을 제외한 도시지역이 아닌 읍 또는 면 지역에는 100m² 이하까지 대출담보가 가능하다.

2020년 5월 현재 주택도시기금의 신혼부부 주택대출금리는 연

1.65%~연 2.40%다. 금융감독원에서 제공하는 금융상품통합비교공시 주택담보대출 공시에 따르면 시중은행의 주택담보대출 최저금리는 1.83%이고, 최고금리는 2.90% 수준이다. 주요 시중은행의 주택대출 최저금리가 2%대임을 고려하면 주택도시기금에서 제공하는 대출금리가 평균 50bp 정도 낮다는 것을 알 수 있다. 대출기간은 10년·15년·20년·30년이고 원리금 균등분할상환, 원금 균등분할상환, 체증식 상환 중에서 선택할 수 있다.

주택도시기금 대출을 받을 때 우대금리도 활용할 수 있다. 본인이나 배우자 중에서 청약저축을 가입한 사람은 연 0.1~0.2%p 우대금리를 받을 수 있다. 부동산 전자계약을 체결할 경우 0.1%p 추가 우대를 받을 수 있다. 또한 자녀 우대금리도 받을 수 있다. 다자녀 가구는 연 0.7%p, 2자녀 가구는 연 0.5%p, 1자녀 가구는 연 0.3%p 우대를 받는다. 우대금리를 적용한 후 최종금리가 연 1.2%보다 낮아지더라도 연 1.2%로 적용된다.

주택도시기금에서는 대출한도가 2억 2천만 원으로, LTV 70%, DTI 60% 이내에서만 가능하다. 만약 2자녀 이상 가구일 경우에는 한도가 2억 6천만 원으로 늘어난다. 시중은행은 주택가격이 15억 원이 넘지 않을 경우 투기지역과 투기과열지구는 LTV와 DTI를 40%로, 조정대상지역은 LTV 60%, DTI 50%로 제한하고 있다. 14억 9천만 원짜리 주택을 구입할 경우 투기지역이나 투기과열지구의 경우 5억 9천6백만 원까지 대출을 받을 수 있다. 부부합산 연소득 7천만 원 이하 무주택자가 6억 원 이하의 주택을 구입할 때는 LTV와 DTI를 각각 10%p 높인 70%, 60%로 적용하고 있다.

도시주택기금의 중도상환 수수료는 3년 이내 중도상환에 대해 경과일수별로 1.2% 한도 내에서 부과한다. 단, 대출계약을 철회한 경우에는 중도상환 수수료가 면제된다.

신혼이 아니라고 낙심할 필요는 없다. 도시주택기금은 부부합산 연소득 6천만 원 이하의 생애 최초 주택구입자에게 연 1.95~2.70%로 최대 2억 6천만 원의 주택구입대출을 실행하고 있다. 대출조건은 앞에서 언급한 신혼부부 주택담보대출과 유사하다.

신혼부부만이 신청할 수 있는 주택청약도 있다. 신혼부부 특별공급(특공)이다. 결혼한 지 7년 이내의 부부가 대상자다. 특별공급을 받으려면 가입한 지 최소 6개월이 지난 청약통장이 있어야 하고, 부부가 모두 무주택이어야 하고, 청약에 당첨된 이력이 없어야 지원이 가능하다.

소득은 가구당 월평균 소득을 기준으로 하는데, 외벌이는 국민주택 100% 이하, 민영주택 120% 이하로 하고, 맞벌이는 국민주택 120%, 민영주택 130% 이하로 제한된다. 도시근로자 가구당 월평균 소득은 통계청 가계동향조사에서 확인할 수 있다.

신혼부부 특별공급 대상이어도 가구소득과 자녀 수, 해당 지역의 거주기간, 청약 납입횟수, 혼인기간 등에 따라 가점이 다르다.

신혼부부 특공이 어렵다면 생애 최초 주택구입 특공도 노려볼 만하다. 세대에 속한 모든 사람이 과거에 주택을 소유한 적이 없는 1순위 무주택 세대구성원이고 혼인 중이거나 자녀가 있어야 한다. 저축액은 선납금을 포함해 600만 원 이상이어야 하고, 5년 이상 소득세를 납부한 사람이 해당된다. 세대의 월평균 소득이 도시근로자 가구당 월평균 소득의 100% 이하인 사람이 신청할 수 있다.

참고 자료
주택도시기금

나는 왜 대치동에서 전세를 살았나?

부동산투자, 기본을 알아야 잘할 수 있다

　부동산이 한국의 가장 전통적이고 또 유망한 투자로 각광을 받고 있어도 가진 자와 못 가진 자는 나뉘기 마련이다. 별 수 없이 내 주변에는 전세살이의 설움을 가진 사람들이 공통의 주제로 서로를 위로하곤 했다. 우리는 이 모임을 '정신승리'라고 불렀다. 부동산가격이 천정부지로 치솟지는 않을 것이라며, 금융위기라도 와서 부동산가격이 폭락하기를 빌고 또 비는 모임이다.

　한국도 어차피 일본의 전철을 밟을 것이고, 한국이 일본처럼 제로금리 시대에 접어들면 2% 대출금리도 고금리라는 생각이었다. 집값도 한 번 떨어지기 시작하면 무서울 정도의 매도가 나올 수 있기 때문에 장기적인 시각으로 부동산을 봐야 한다고 믿었다. 저출산 고령화는 주거의 형태를 바꿔놓을 것이고, 전세제도는 없어지고 공유주택이 보편화할 것이라는 일부 전문가들의 발언을 예언처럼 믿었다. 그게 정신승리의 길이었다.

부동산에서 소외된 정신승리 모임

그나마 정신승리 모임에서 나는 귀여운 전세살이였다. 대치동에서 교육을 해야 하는 입장도 아니었고, 집을 살 돈이 있는데도 전세를 살고 있는 상황은 아니었기 때문이다. 나는 그저 집을 사려면 은행대출을 최대한 끌어당겨야 하는 소시민이었다.

정신승리 모임에는 정말 안타까운 사연이 많았다. 대부분은 자녀의 교육 때문에 강남에서 전세살이를 하는 사람들이었다. 집을 살 만한 능력이 있음에도 집값이 너무 비싸다는 판단 때문에 투자로 연결되지 못한 케이스였다.

한 명은 집값이 들썩이기 시작한 2016년 초 자녀교육 때문에 대치동으로 이사를 갔다. 그는 주인이 그 집을 내놓았다는 얘기를 들었음에도 매매와 전세 사이에서 엄청난 고민을 했다. 심지어 대치동의 신축 아파트였다. 그는 장고 끝에 전세살이를 택했다. 매매 대비 전세가 비율이 80%에 육박했는데도 전세로 들어갔다고 했다. 부동산 중개업자가 집을 사라고 했지만 방의 구조가 마음에 들지 않았다는 게 이유였다. 전세로도 십수억이나 하는데, 여기서 그 집값이 더 오르지 않을 거라고 생각했단다. 이후 집값은 더 가파르게 올라서 그는 집을 사지 못했다고 했다. 10억대 초반이었던 그 아파트는 지금 10억 대 후반까지 올랐다고 했다. 집을 살 돈이 없는 게 아니라 이제는 배가 아파서 못 사는 것이다.

또 한 명은 압구정 현대아파트에 살고 있다. 자녀교육 때문에 압구정 현대아파트 전세도 허리가 휘청일 만한 금액이지만 그나마 그가 여기에 처음 올 때만 해도 은행대출을 최대한 끌어당기면 매수할 수 있는 수준이었다고 했다. 집값이 천정부지로 치솟으면서 전세금도 덩달아 올랐다. 그는 이번에 전세기한이 만료되면 더 이상 전세금을 올려줄 수 없어서 다시 강북으로 이사를 할 수밖에 없다고 했다. 자녀가 올해 수능을 보는데 재수하지 않고 한 번에 대학에 붙기를 간절히 바란다고 덧붙였다.

또 다른 사람은 잠시 해외 주재원으로 나가면서 집을 매수한 후 세를 줄지, 예금으로 넣어둘지를 두고 엄청난 고민을 했다. 최경환 부총리가 집값을 올려놓으면서 부동산 거품 우려와 더 오른다는 의견이 팽팽하게 맞서던 시기였다. 그는 장고 끝에 집을 사지 않고 예금으로 넣어뒀다. 자그마치 수억 원이었다. 주재원으로 해외에 있는 동안 한국 집값은 계속 올랐다. 그는 한국에 돌아올 때가 되었지만 그 돈으로는 예전에 살던 집에서 전세로도 들어갈 수 없다고 했다. 차라리 해외 체류를 더 했으면 좋겠다고 한숨을 깊게 쉬었다.

부동산에 대한 확고한 철학이 있다면

정신승리 모임에는 어쩔 수 없는 전세살이도 있지만 자발적 전세살이도 여러 명 있다.

그중 한 명은 자칭 강남좌파다. 연봉이 수억 대인 그는 강남 압구정에서 전세살이를 하고 있다. 심지어 그는 강남에서 고등학교를 졸업한 서울 강남 출신이다. 그는 집을 살 만한 충분한 자금이 있음에도 그 돈을 주식과 채권 등 다른 자산에 투자하고, 집은 전세로 살고 있다. 강남 집값의 밸류에이션이 너무 높다는 본인만의 확고한 철학이 있다. 그는 앞으로도 부동산을 살 생각이 없다고 했다. 그 돈으로 주식 등 다른 자산에 투자해서 돈을 벌겠다는 의지가 워낙 강하다.

또 한 명은 서울에 집을 사는 대신 제주도에 집을 샀다. 제주도

집값도 꽤 많이 올랐지만 절대 금액으로 따졌을 때 서울 강남 집값 상승을 따라가지는 못했다고 했다. 유동자금이 풍부한 그는 강남역 한복판에 있는 아파트에서 월세를 살면서 유동자금으로 주식을 운용한다. 주식을 신봉하게 된 계기는 증권사에 입사하면서부터였다. 사장님은 회사를 세울 때부터 부동산보다는 주식으로 자산을 일궈야 한다고 주창했다. 사장님의 말씀을 받들어 주식시장에 발을 들인 지 벌써 20년이 다 되어간다고 했다. "월세가 아깝지 않냐"는 질문에 그는 "주식투자로 월세보다 더 많은 수익을 내면 된다"고 했다. 하지만 주식투자를 주창하던 그 사장님은 지금 누구보다도 부동산투자에 열광하고 있다. 국내 해외 할 것 없이 부동산쇼핑에 열심이라고 한다.

집값이 떨어질 기미를 보이지 않자 변절자도 생겨났다. 알뜰살뜰하기로 소문난 지인은 철저한 자산관리로 수억 원을 모았지만 부동산 전망에 부정적이었던 탓에 자발적으로 집을 소유하지 않고 있었다. 하지만 집값이 오르고 또 올라 더 이상 정신승리로도 버틸 수 없게 되자 결국 내집을 마련했다. 그의 내집 마련 소식을 들은 정신승리 구성원들은 박수로 축하하면서도 '너도 떠나는구나'라는 묘한 감정을 감추지 못했다.

매매전세비란 무엇인가?

매매가격 대비 전세가격 비율(매매전세비, 전세가율)은 전세제도가 있는 한국에만 존재하는 지표다. 매매전세비는 매매가격에서 전세가격이 차지하는 비중을 의미한다.

매매전세비는 특히 주택을 거래하는 사람들에게는 매우 중요한 지표로 꼽힌다. 전세비율이 높아지게 되면 전세 임차인이 오른 전세가격에 부담을 느끼게 되고 결국 주택매매로 돌아설 수 있기 때문이다.

주택가격은 이자율과 주택 소유에 따른 기대수익과 관계가 있다. 전세가격은 이자율과 관계가 있다. 수요자 입장에서 주택가격이 오를 것이라고 예상할 경우에는 기대수익률이 높아지면서 전세보다는 주택 소유를 선호하게 된다. 주택가격이 상대적으로 많이 오르면 매매전세비는 낮아지게 된다. 반대로 주택가격이 하락할 것으로 예상된다면 기대수익률이 낮아지거나 마이너스를 나타내며 주택소유보다는 전세를 선호하게 된다. 이 경우 매매전세비는 높아지게 된다.

매매와 전세 모두 이자율에 영향을 받는다. 따라서 이자율이 낮아지면 매매가격과 전세가격이 동시에 상승하게 된다. 따라서 매매전세비는 주택의 기대수익률이 좌우한다고 볼 수 있다.

이론적으로는 주택을 소유할 경우 보유세, 유지비, 감가상각 등 비용이 발생하기 때문에 전세가격이 주택매매가격보다 높아야 한다. 하지만 현실적으로는 전세가격이 높아질수록 전세계약이 만료될 때 돌려받을 위험이 더 크게 노출되기 때문에 전세가격이 주택매매가격보다 높아지지 못하는 것으로 알려져 있다.

KB국민은행에 따르면 2020년 4월 수도권의 매매전세비는 65.1%로, 2014년 4월 64.6%를 기록한 후 6년 1개월 만에 가장 낮은 수준을 나타냈다. 매매전세비는 2018년 10월 70%를 밑돈 후 하락 흐름을 보였다.

이는 유례없는 저금리가 이어진 데다 주택 소유의 기대수익률이 높아지면서 전세보다는 매매로 수요가 이동하면서 주택가격이 큰 폭으로 상승했기 때문이다. 집주인이 저금리 시대에 전세자금을 굴릴 투자처를 찾지 못하면 전세가격을 올려 기대수익률을 맞출 가능성이 커진다.

집값이 추가로 상승할 것이라고 전망될 경우 주택구매 후 전세를 주고 전세자금으로 또 주택을 구입해 전세자금을 받는 이른바 '갭투자'도 늘어난다. 갭투자는 매매전세비가 높을수록 적은 투자비용으로 투자를 할 수 있어서 적은 투자금으로 주택을 구입할 수 있다. 전세금을 바탕으로 레버리지 투자를 하는 셈이다.

갭투자로 주택가격이 오르게 되면 투자 수익률도 높아진다. 반면 주택가격이 하락할 경우 예상한 수익을 얻지 못하거나 주택가격이 전세가격을 하회할 경우 손실이 커져서 전세금을 상환하지 못하는 깡통주택이 발생할 수도 있다. 통상 갭투자는 전세가격 상승률이 매매가격 상승률을 웃돌 때 나타난다.

나는 왜 강남 집을 팔고 경기도로 이사를 갔나?

전문가들도 이따금 헛발질을 한다

사람들을 만나다 보면 하늘이 주신 기회를 잡아서 똘똘한 한 채를 마련하게 되거나, 자녀교육 때문에 강남으로 이사를 간 것을 계기로 집을 사게 되어 자녀 덕에 강남파가 된 부러운 스토리를 종종 접한다.

하지만 그에 못지않게 하늘이 주신 기회를 놓친 안타까운 이야기도 적지 않다. 특히 남들이 부러워하는 지역(대부분 서울 강남이다)을 떠나 다른 지역으로 이사한 후에 집값이 오르기 시작해 배가 아팠다는 사연을 듣고 있으면 나도 모르게 짠한 마음이 올라

온다. 특히나 2010년대 후반부터 서울 강남 집값과 기타 지역 집값상승률의 격차가 크게 벌어지면서 그들의 속은 더 쓰리지 않을까 싶다.

고위 공직자의 은퇴 부동산투자

그중에서도 강남에 터를 잡고 살다가 이사에 이사를 거듭해 경기도로 이주한 사람이 있다. 그는 경제를 들었다 놨다 하는 위치에 있는 고위공직자였는데, 퇴직하자마자 평화로운 삶을 살고 싶다며 강남의 집을 팔고 분당으로 이사를 갔다. 그때가 2010년이었다. 금융위기 이후 집값이 큰 폭으로 떨어지고 강남 한복판에서도 미분양이 속출하던 시기였다. 그때만 해도 강남 집값이 분당 집값과 지금처럼 엄청난 차이를 보이지는 않았다.

막상 분당으로 이사를 갔는데 분당 아파트도 지은 지 오래되다 보니 주거환경이 생각만큼 쾌적하지는 않았던 모양이다. 그래서 분당 주변의 신도시를 알아보다가 근처의 신도시로 이사를 한 번 더 했다. 그때부터 부동산가격이 본격적으로 오르기 시작했다.

집값이 움직이는 요인 중 하나가 신축과 구축이다. 하지만 가장 중요하게 반영되는 건 지역이다. 집값이 본격적으로 움직이던

2018년, 그는 집값이 가장 많이 뛴 강남 주민이 아닌 경기도 신도시 주민이었다. 신도시 집값도 상당히 많이 올랐겠지만 강남의 무서운 속도를 따라가지는 못했다. 10년 동안 두 번 이사했을 뿐인데 자산증식의 결과는 너무나 달랐다. 한국경제를 쥐락펴락했지만 정작 본인 자산을 쥐락펴락하지는 못했던 셈이다.

희비가 엇갈린 신도시파와 강남파

서울에서 살다가 경기도로 이주하면서 희비가 엇갈린 경우는 또 있다.

2000년 즈음에 퇴직금 중간정산을 실시했던 한 금융기관에서는 중간정산 받은 퇴직금으로 내집을 마련하는 사람들이 많았다. 회사에서는 '신도시파'와 '강남파'로 나뉘었다. 만약 2020년에 당시와 같은 상황에 처했다면 다들 내집 마련의 꿈을 이루기 위해 강남으로 달려갔겠지만 2000년에는 신도시와 강남 집값은 큰 차이가 없었다. 게다가 2000년은 신도시가 이슈로 떠오를 때였다.

그 회사에서도 신도시라는 핫한 곳으로 이주한 사람들이 많았다. 회사가 강북이기 때문에 강북과 연결된 신도시의 경우 출퇴근하기도 수월했다. 꼬불꼬불하고 정돈되지 않은 서울보다는 모든 것이 널찍하고 쾌적한 신도시가 더 매력적이었다.

하지만 2000년대 이후 경기도에 위성도시가 계속 생기면서 1기 신도시 집값 상승 속도는 더뎠다. 심지어 지금도 2000년대 초 집값을 회복하지 못한 신도시도 있다. 그에 비해 강남 집값은 무서운 속도로 올랐다. 2000년대 초반을 기점으로 두 동네의 격차는 무시하지 못하는 수준으로 벌어졌다.

수도권 신도시의 변천사

한국에서 신도시가 본격화된 것은 60년대 이후로, 국토와 지역개발 목적으로 만들어진 신도시와 대도시의 문제해결을 위해 만든 신도시로 구분된다. 수도권의 신도시는 서울의 인구밀집을 해소하기 위해 서울 주변으로 대규모 주거지역을 만드는 등 주택시장 안정을 위한 정책적인 목적으로 추진되고 있다.

서울과 수도권의 경우 1기 신도시로 불리는 분당신도시, 일산신도시, 중동신도시, 평촌신도시, 산본신도시 등 5대 신도시는 1989년~1991년에 주로 만들어졌다. 1980년대 후반, 서울지역 내에서의 택지개발이 개발용지 부족으로 더 이상 어려워지자 개발제한구역 외곽에 신도시를 만들게 되었다.

1기 신도시 집값은 신도시 건설 당시에는 비슷했지만 시간이 지나면서 큰 격차가 나타났다. 국토교통부 실거래가 공개시스템에 따르면 1993년 분당 서현동 시범삼성아파트 84.69㎡와 일산 강촌마을 강촌동아아파트 84.87㎡ 집값은 1억 5천만 원, 1억 2천만 원으로 3천만 원 차이에 불과했지만 2020년 1월 현재 11억 7천5백만 원, 4억 4천만 원으로 7억 3천5백만 원 차이로 확대되었다.

2기 신도시 중 수도권은 성남 판교, 화성 동탄 1·2지구, 김포 한강, 파주 운정, 광교, 양주(옥정, 회천), 위례, 고덕 국제화계획지구, 인천 검단 등 10개 신도시가 포함된다. 성남 판교, 화성 동탄 및 위례 신도시는 서울 강남 지역의 주택수요를 분산시키고 김포 한강, 파주 운정 및 인천 검단 신도시는 서울 강서와 강북지역의 주택수요를 대체하는 목적으로 만들어졌다. 광교신도시는 수도권 남부 행정기능을 분담하게 된다. 양주와 고덕 국제화지구는 경기 북부와 남부의 안정적 택지공급과 거점 기능 분담을 목적으로 만들어졌다.

2기 신도시 집값도 위치에 따라 차별화가 나타났다. 부동산114에 따르면 2기 신도시가 모두 거래되기 시작한 2016 대비 2018년 말 평당 단가는 판교가 35%, 위례가 32%, 광교가 31% 올랐다. 반면 김포한강은 8%, 파주운정은 6% 상승에 그치는 등 서울 남쪽과 북쪽의 온도차가 크게 나타났다.

3기 신도시는 2018년 말 남양주, 하남, 인천 계양, 과천 등이 지정되었다. 남양주 왕숙은 6만 6천 호, 하남 교산은 3만 2천 호, 인천 계양은 1만 7천 호, 과천은 7천 호가 각각 공급될 예정이다. 3기 신도시는 서울과 1기 신도시 사이에서 서울과의 접근성이 좋은 곳으로 선정되었는데, GTX 등 광역교통망 축을 중심으로 신규택지가 개발된다.

남양주 왕숙에는 GTX-B와 경의중앙선 역이 각각 신설될 것으로 설계되었는데, GTX-B역 신설을 통해 서울역까지 15분, 청량리역까지 10분이 각각 소요될 예정이다. 하남 교산은 서울도시철도 3호선이 연장되고 BRT가 신설되는 것으로 설계되었는데, 3호선 연장으로 수서역까지 20분, 잠실역까지는 30분이면 갈 수 있게 된다. 인천 계양은 인천공항고속도로 IC를 신설하고 인천 1호선에서 김포공항역까지 S-BRT를 신설했는데, S-BRT와 주변 역사를 이용하면 여의도까지 25분이면 갈 수 있다는 게 정부의 설명이다.

과천 신도시는 GTX-C가 관통할 예정이다. 또한 과천과 우면산간 도로를 지하화하고, 과천과 송파 간 민자도로 노선을 확장 변경할 예정이다. 이수와 과천 간 복합터널도 만들 것으로 알려졌다. 도로가 개선되면 과천 신도시에서 고속터미널까지 약 15분, 양재까지는 10분 정도 시간이 단축될 것으로 보인다. 지하철 4호선을 이용하면 사당역까지는 10분 이내에 도착할 수 있다.

참고 자료
국토교통부
한국감정원
부동산 114

나는 왜 지방 아파트를 샀나?

기회비용을 생각하면 배가 아프다

좋아하는 것과 오르는 것을 구분하자.

나는 시골집을 좋아한다. 한여름의 대청마루와 한겨울 처마 끝에 맺히는 고드름, 계절마다 돋아나는 마당의 풀꽃, 때마다 심는 채소와 그 채소를 따서 준비하는 음식을 좋아한다. 어릴 적 경남 남해의 시골집에 살았던 기억은 아직까지도 좋은 기억으로 남아 있다.

그랬기 때문에 직접 시골집 매매에 나서는 지경에 이르렀다. 지금도 시골에 있는 정감 어린 주택이나 농사지을 밭은 삶의 필수 요인으로 꼽고 있다.

시골집을 꿈꾸다 지방 아파트 산 사연

시골집 생활을 꿈꾸는 내가 지방 아파트를 사게 된 것은 순전히 우연이었다. 휴직 중 시골집을 구경하러 공매 사이트를 보다가 얼떨결에 입찰을 했다.

한국자산관리공사 캠코가 운영하는 온비드(onbid.co.kr)는 부동산은 물론 각종 공매 물건들이 올라오는 공매 사이트다. 경매와 달리 공매는 바로 바로 인터넷 입찰이 가능하기 때문에 매우 편리하다.

공매는 공공기관, 즉 국가가 진행하는 경매를 말한다. 보통 세금이 체납된 사람의 자산을 매각하는 경우가 많다. 공매로 나오는 물건을 잘 살펴보면 실제 가격보다 낮은 가격으로 부동산을 살 수 있다.

고향에서 가까운 소도시에 있는 지방 아파트는 사진으로만 봐도 좋아 보였다. 위치도 강변이라 산책로가 잘 형성되어 있었다. 복도식이어서 걱정했지만 아파트 복도에서 보는 동네 풍경이 정감 가고 좋았다. 마침 도시에서 자란 남편이 전형적인 시골집에서 사는 것은 불편할 것 같다고 말해 온 터라 나는 서슴없이 아파트 입찰에 나섰다. 그런데 덜컥 낙찰이 되었다.

팔고 싶지만 팔고 싶지 않은

낙찰의 기쁨을 만끽하기도 전에 든 생각은 '이걸 어쩌나'였다. 집은 너무 마음에 들었다. 언젠가 귀촌을 하게 된다면 이 집에 살면서 시골집을 왔다갔다 해도 좋을 것 같았다. 임차인이 들어오고 월세도 40만 원씩 받을 수 있어 무척 기뻤다. 그런데 그 후 이 아파트는 참으로 신경 쓰이는 존재가 되었다.

처음에 들어왔던 세입자가 집을 매수하고 싶어 했지만 왠지 보유기간이 짧은 것 같아 거절했었다. 하지만 그 후 팔고 싶은 마음이 들 때마다 부동산 경기는 좋지 않았다.

게다가 정부가 2천만 원 이하의 부동산임대소득에도 과세하기로 하면서 과세 대상이 되었다. 세무서에 주택임대소득을 신고했지만 그해 2월에 바로 공실이 되었다. 세입자 입장에서는 집을 언제 팔지 모르는데 계속 살기는 어려웠을 것이다. 보증금을 내주고, 집을 정리했다.

다행히 부동산에서 대신 점검을 해줬다. 나중에 집이 팔리면 웃돈을 얹어주기로 하고 부탁하니 흔쾌히 가서 확인을 해준다. 서울에서 지방까지 직접 청소를 하러 내려가는 부담은 덜었다. 그럼에도 아파트는 계속 팔리지 않은 채로 남아 있다.

'부동산 경기는 점점 나빠질 것이라는데 언제까지 지방 아파트

를 보유하고 있을까?' 팔자니 마음에 쏙 들고, 갖고 있자니 부담
스러운 이상한 심리가 계속되고 있다. 코로나19로 부동산 경기가
계속 얼어붙을 경우 여차하면 내가 써야겠다는 생각도 해본다.
이래서 지방 부동산은 내가 가서 살아도 괜찮을 것 같은 곳을 골
라야 한다. 정말 알 수 없는 마음이다. 서울의 부동산을 사던 사람
들이 지방 아파트도 사러 간다던데 왜 우리 동네는 안 오는 걸까?

가끔 기회비용을 생각하면 배가 아파온다. 미국주식을 살걸, 아
니면 서울에서 이사를 할걸 하면서 아쉬움이 찾아온다. 하지만
스스로 위안을 삼을 때도 있다. 나중에 늙으면 소도시에서 살고
싶다는 생각에 여러 상상도 해본다. 그런 측면에서 지방 부동산
은 또 하나의 카드라 할 수 있다.

소도시의 작은 아파트에서 자전거를 타고 나와 강변을 달리
고, 인근 마트에서 장을 봐서 들어가는 날을 떠올려본다. 어느 쪽
이든 나쁘지 않다. 코로나19의 여파로 공실이 오래갈까 두렵지만
말이다.

더 알아보기

캠코의 온비드 활용하는 법

온비드는 한국자산관리공사(캠코)가 운영하는 공매시스템이다. 경매에 본격적으로 뛰어들고 싶지만 왠지 마음이 꺼려지는 경우가 많다. 사연 많은 집은 매수하는 게 아니라는 주변의 권고도 걸리고, 낙찰받고 나서 어려운 사람을 강제로 내보내는 것 같은 느낌이 부담스럽기 때문이다. 막상 강제집행을 하기 위해 문을 뜯고 들어가 남의 살림살이를 빼야 하는 상황이 된다면 아무리 합법적이라 해도 보통 사람들은 시작도 하기 전에 자신감을 잃고 만다. 그렇지만 공매를 활용하면 조금이나마 안정적인 물건을 접할 수 있다.

공매는 국가나 공공기관이 주체가 되는 경매를 말한다. 세금을 체납한 사람의 압류 재산을 강제로 처분하거나 세금 대신 받은 물건을 공매로 내놓는다. 그렇기 때문에 부동산뿐 아니라 자동차, 그림, 보석, 가전제품 등 다양한 상품들이 공매에 올라온다.

공매물건은 캠코가 운영하는 온비드에서 상세하게 볼 수 있다. 여기서 좀더 공매를 당한 사람과의 갈등이 없는(?) 부동산 물건을 택하려면 이용기관 물건이나 공무원, 공사직원들의 숙소로 쓰이는 부동산 물건을 보면 된다. 이런 경우 공공기관이 오랫동안 관리하다

내놓은 물건이라 상태도 좋은 편이다. 게다가 아파트의 경우 입지가 좋고, 여러 개의 물건이 한꺼번에 올라오는 경우가 많아 고르는 재미가 쏠쏠하다.

다만 공매의 경우 강제 집행을 해주지 않기 때문에 낙찰자가 알아서 명도를 해야 한다. 낙찰을 받기 전에 세입자나 점유자가 없는지 잘 살펴야 한다.

온비드 공매는 직접 물건이 있는 지역의 법원에 가지 않아도 된다는 점이 장점이다. 온라인으로 진행되기 때문에 쉽게 입찰할 수 있다. 그리고 국가나 지자체, 공기업이 자산을 공개매각하는 경우는 믿을 수 있다. 심지어 어떤 물건은 등기부등본에 소유자 명단이 오로지 기획재정부와 낙찰자 본인만 있는 경우도 있다. 처음부터 국가가 주인이었기 때문에 사고팔고 하는 소유자 변경과정이 없었던 셈이다. 유찰이 지속될 경우 가격도 50% 이하까지 떨어지는 경우가 많고, 수수료도 없다. 상세정보를 보면 직원이 직접 현장을 방문해 기록한 세입자 거주 여부, 물건 상태에 대한 내용이 있어 마지막 입찰을 하기 전까지 자료를 확인할 수 있다. 특히 캠코에서 온비드 이용 관련 강의와 자료를 내기도 한다.

부모님은 왜 서울의 집을 사지 않았나?

삶의 터전이 갈라놓은 부의 축적 속도

지방에서 유년기를 보냈던 나는 '부모님이 서울에서 터를 잡았으면 좋지 않았을까' 하는 아쉬움을 늘 갖고 있다.

부모님은 1994년 주택을 구입해서 그 주택을 허물고 집을 다시 지었다. 당시 땅과 건물 가격으로 3천만 원을 냈다고 했다. 서울 사람인 아빠는 직업 특성 때문에 지방에 터를 잡게 되었고, 직장과 가까운 곳에서 살림을 꾸렸고 지방에 집을 사게 되었다.

세월이 지나면서 동네도 많이 좋아졌다. 주변에 논과 밭뿐이었지만 하나 둘씩 아파트가 들어왔고, 도로도 2차선에서 6차선으로 넓어졌다.

시간이 흐르고 물가가 높아지면서 집값도 이를 반영해서 상승했다. 부모님이 26년 전에 3천만 원을 주고 샀던 그 집은 수억 원이 되었다.

지인의 부모님도 공교롭게 부모님과 같은 해에 집을 사서 재건축을 했다. 당시 3,500만 원을 주고 집을 사서 건물을 지으셨다고 했다. 서울 한복판이었다. 그의 부모님은 지방 출신인데 직장 때문에 서울에서 살게 되었다.

서울 한복판에 지은 그 집의 주변 환경은 지을 당시와 지금이 크게 다르지 않다고 했다. 꼬불꼬불한 골목도 그대로고, 그 당시 골목을 중심으로 형성된 동네 상권도 그대로다. 그때 살던 사람들이 지금도 머물면서 형제보다도 가까운 사이가 되었다. 달라진 건 단 하나, 집값이었다. 그때 산 그 건물은 지금 수십억 원을 호가한다.

부모님은 당시만 해도 전국 집값에 큰 차이가 없었기 때문에 30년 후 이런 격차가 벌어질 것이라고는 상상도 하지 못했다고 했다. 하지만 과거로 다시 돌아간다고 해도 서울로 이사하지는 못했을 것 같다고 했다. 삶의 터전을 버리고 새로운 곳에서 처음부터 무언가를 다시 하는 건 그만큼 어려운 일인가 보다.

생각하는 것과 실행에 옮기는 것의 차이

반대로 서울에서 큰돈을 벌어보겠다는 의지로 지방의 전 재산을 청산하고 상경했지만 투자에 실패한 경우도 있다. 지방 출신인 다른 지인의 부모님은 그 동네에서 큰 가게를 운영하셨다. 서울에서 돈을 벌어야 큰돈을 벌 수 있다고 생각한 후 땅과 건물을 모두 팔아 서울 강북에 자리를 잡았다.

지인은 부모님이 그때만 해도 서울 어느 곳에나 자리를 잡으면 된다고 생각하셨던 것 같다고 했다. 실제로도 90년대 당시에는 강북과 강남의 집값 차이가 크지 않았다. 심지어 그들이 서울로 이주할 당시 강남의 상당 부분은 밭이었다. 지인은 나중에 강북과 강남의 차별화가 극심해진 데다 심지어 고향이 개발되면서 고향 주민들이 모두 큰 이익을 얻었다며, 부모님의 부동산투자가 실패했다고 털어놓았다.

서울 강남에 집을 사면 실패하지 않는다는 생각은 누구나 갖고 있다. 하지만 이를 실행에 옮길 수 있는 사람은 얼마 되지 않는다. 자금문제 이유도 있겠지만 주거목적의 집은 삶의 터전과 맞닿아 있기 때문이다. 부동산거래가 주업이 아닌 이상, 지방에서 거주하고 활동하는 사람들 중 상당수는 서울 집값이 오르는 것을 알고 있으면서도 강남으로 진출하지 못한다. 살면서 내집 한 채 마련하기도 빠듯한 실정을 극복하고 강남에 덜컥 집을 산다고 해도 그 이후의 생계를 감당하기가 어려울 수 있다.

생활과 맞닿은 부동산

지금이라고 상황이 크게 다르지는 않다. 한 지인은 서울 출생이지만 직장이 충청도로 이전하면서 결국 충청도에 집을 사게 되었다.

서울에 집을 사면 지방보다 더 높은 수익을 얻을 수 있다는 것을 알지만 충청도까지 매일 출퇴근하는 부담이 더 컸기 때문이다. 나 하나 희생하면 서울에 집을 살 수도 있었겠지만 매일 왕복 3~4시간을 길거리에 버려야 하고, 가족과 함께할 시간도 그만큼 줄어든다고 생각하니 차마 서울에 집을 살 엄두가 나지 않았다고 했다. 그는 직장 근처에 집을 산 후 삶의 질이 높아졌다고 했다.

지방도 일반 편의시설이 잘 갖춰져 있어서 살아가는 데는 전혀 문제가 없다. 가끔 서울에 직장을 잡고 집을 산 친구들을 만나면 속이 쓰릴 때가 있지만 직장 근처에 집 산 것을 후회하지 않는다고 했다. "서울에 집을 사지 못했다는 박탈감만 잘 다스리면 그만"이라는 그의 말에 고개를 끄덕였다.

우리나라 집값의 역사

우리나라 집값은 정부의 부동산정책과 금리수준에 따라 상승과 하락을 반복했다. 아파트가 보급되기 전인 1960~1970년대는 땅값(지가)이 부동산가격의 바로미터였다. 한국감정원의 연도별 지가변동률에 따르면 1970년대 지가상승률은 해마다 두 자릿수를 기록했다. 1978년은 전년 대비 48.98% 급등하는 등 지가상승 폭이 크게 확대되기도 했다.

정부정책 영향으로 지가상승률은 큰 폭으로 낮아지면서 1982년은 5.4% 상승에 머물기도 했다. 1988년 서울올림픽을 전후로 지가는 또다시 폭등했고, 88올림픽 직후인 1989년은 전년대비 지가가 31.97% 급등했다.

1990년대는 지가상승률이 낮아지는 흐름이었다. 1993년은 지가가 전년대비 마이너스(-)7.38%를 기록했고, 1990년대 후반에도 0%대 상승률에 그치다가 1998년 아시아 외환위기 당시에는 -13.6%까지 낮아지기도 했다.

한국감정원에서 제공하는 아파트 매매가격 지수는 2003년 11월부터 자료를 제공한다. 그전 자료를 찾아보면 1987년부터 1990년 집값상승률이 가장 높았다. 1990년에는 집값이 전년대비 21% 급등했다. 1987년부터 나타난 국제수지 흑자와 1988년 서울올림픽 이후 통화량이 급증하면서 집값급등을 부추겼기 때문이다. 1990년에는 집값급등을 막기 위해 정부가 2월과 4월, 5월, 세 차례에 걸쳐 부동산투기 억제정책을 내놓기도 했다.

외환위기가 터졌던 1998년 집값은 12.4% 하락했었다. 이후 정부의 건설경기 부양책과 부동산규제 완화로 집값은 1999년부터 2003년까지 상승세를 보였다. 1998년 정부는 다섯 차례에 걸쳐 부동산경기 활성화정책을 폈다. 분양권전매를 한시적으로 허용하고 분양주택 중도금대출과 재개발사업에 기금을 지원했다. 또한 민영주택 분양가를 자율화하고 양도세 한시 감면범위를 확대했다. 그런데도 주택경기가 살아나지 않자 1999년 3월에는 재건축 가구당 2천만 원 자금을 지원하고 청약 재당첨 제한을 폐지했다. 2000년에는 주택을 구입할 때 양도세를 감면해주고 2001년에는 신축주택을 구입할 때 양도세를 한시 면제해주었다.

정부규제 완화로 2002년에는 집값이 16.4% 급등하고 땅값도 9% 오르는 등 집값상승 폭이 커지자 정부는 주택시장 안정화정책을 잇달아 내놓았다. 2002년과 2003년에만 각각 여섯 차례씩 2년 동안 총 12번의 부동산정책을 내놓았다.

정부의 정책에도 집값은 풍부한 유동성을 바탕으로 계속 올랐다. 2005년은 11.6% 상승했다. 부동산114에 따르면 2008년 금융위기 당시 서울 지역의 아파트 값은 1.57% 하락했다. 2000년 외환위기 이후 8년 만에 첫 하락이었다. 특히 강남권 재건축은 2008년 14.76% 폭락했다.

한국은행이 기준금리를 2%까지 낮추면서 일부 지역 집값이 들썩일 조짐을 보이자 정부는 2009년 수도권 담보인정비율(LTV)과 총부채 상환비율(DTI)을 강화했다. 이후 미분양이 폭증하면서 이듬해 무주택자와 1주택자에 DTI 규제를 한시적으로 없애고 강남을 투기과열지구에서 해제했다. 그런데도 집값하락이 이어지면서 집값하락에 따른 깡통주택이 속출하는 등 LTV 초과대출이 신용대출로 전환될 위험이 커졌다. 경기회복이 더디게 나타나면서 2012년 실질주택 매매가격은 서울 -3.6%, 경기 -3.2% 등 수도권을 중심으로 하락세가 나타났다.

정부는 이에 2013년부터 LTV와 DTI 규제를 한시적으로 완화하고 양도세를 면제했다. 또한 2014년에는 LTV를 70%로 상향조정하고 DTI도 60%로 확대하는 등 대출 조건을 완화했다. 그러자 이에 힘입어 집값상승이 본격적으로 나타나기 시작했다. 서울 아파트 매매가격은 2014년 2%, 2015년 6.7%, 2016년 3.2% 상승하면서 전국 집값상승률을 웃돌았다.

반면 2014년과 2015년 각각 1.7%, 3.6% 상승했던 전국 집값은 2016년에는 0.7% 상승에 그쳤다. 2017년과 2018년 1%대 상승했던 전국 주택매매 가격은 2019년 0.36% 하락했지만 서울과 지방의 격차가 컸다. 서울 아파트 가격은 2017년 4.69%, 2018년 8.03% 상승하는 등 큰 폭의 상승을 나타낸 반면 지방도시 16곳 중 10곳은 2018년부터 하락세로 돌아섰다.

참고 자료
대한민국 정책브리핑

5장

언니들의
애잔한 기타투자 이야기

투자의 세계는 무궁무진하다. 금, 가상화폐, 원유, 곡물펀드, 크라우드펀딩…. 수많은 품목이 투자를 기다리고 있다. 이번 장은 앞서 다루지 못한 온갖 것들에 대한 투자 경험을 다뤄보려 한다.

세상은 빠르게 변화한다. 인터넷이 발달하면서 각국의 정보가 빠르게 교류되고, 비대면(언택트)으로 할 수 있는 일도 많아졌다. 환경에 대한 관심도 높아졌다. 구글이나 애플과 같이 창의적인 몇몇 사람이 스타트업으로 출발해 글로벌 기업을 일궈 내기도 한다. 테슬라 창업주와 같은 동네에 살았던 덕분에 테슬라 초기에 1%의 주식에 투자했다가 갑부가 된 사례도 있다. 국내에서도 비상장 기업의 초창기에 자금을 투자해서 기업을 키우는 모험자본이 활성화되고 있다. 비트코인을 비롯한 가상통화에 투자해 큰 수익을 거둔 지인을 보는 일도 생겼다.

이처럼 변화의 속도가 빠른 세상에서 투자의 시야를 넓혀가는 일은 필수라 할 수 있다. 반드시 전통적인 자산에만 투자할 필요는 없다. 새로운 변화를 읽어내는 감이 있다면 남들보다 먼저 투자처를 발굴할 수도 있을 것이다. 그러려면 얼마나 다양한 상품들이 시장에 나와 있는지, 그런 것들에 투자하려면 어떻게 해야 하는지 미리 좀 알아둬야 한다. 이번 장에서는 지금까지 해온 투자와는 다른 특별 메뉴판을 열어보려 한다.

나는 왜 금투자에 실패했나?

명품백보다 골드바

그때는 금값이 참 좋을 때였다. 글로벌 금융위기의 한파가 전 세계로 휘몰아친 후 잠잠해지던 시기인 2011년, 사람들은 대부분 안전한 금을 선호했다. 심지어 한국은행조차 외환보유액에 금 비중을 늘리라는 요구에 시달렸다.

한번도 외환보유액을 운영해본 적 없는 국회의원들도 우리나라가 왜 금을 갖고 있어야 하는지를 강력하게 주장했다. 그야말로 금은 투자 좀 하는 사람들에는 상식처럼 반드시 갖춰야 할 자산으로 꼽혔다.

한국은행도 금을 사는데

한국은행은 결국 금을 샀다. 금을 산 후에도 한참 비판에 시달렸다. 좀더 싸게 살 수 있었다고. 금값이 오르면 오르는 대로, 내리면 내리는 대로 조금 샀다고, 손실을 봤다고 욕을 먹었다. 나중에 한은은 금은 인플레이션에 대응하는 자산으로 투자한 것이며 시가 평가하지 않고 영구 보유할 예정이라고 밝혀 금값 논란을 잠재웠다.

그렇다고 해서 그 시절이 마치 과거 금을 캐러 미국인들이 서부를 개척하러 가던 '골드러시(Gold rush)'와 같은 수준은 아니었다. 그래도 정말 오랜만에 한국에서 금이 주목받던 시기였다. 금 모으기 운동을 하던 외환위기 이후 처음이라고나 할까. 당시 금값은 정말이지 천정부지로 올랐다. 가물가물하니 그때의 금 시세 그래프를 살펴보자.

금 시세는 온스당 2010년 2월 5일 1,043.80원에서 2011년 9월 6일 1,920.94원까지 올랐다. 이후 조금씩 오르락내리락하다 2016년에는 1,100원선 아래로 하락했고, 2018년에는 1,300원대에 머물렀다. 그러니 2010년부터 2012년 사이의 분위기가 짐작이 가는가. 1년 반 사이에 1,400원대에서 500원이 올랐으니 상승률이 무려 35%가 넘는다.

국제 금 시세 추이

단위: 온스(oz)

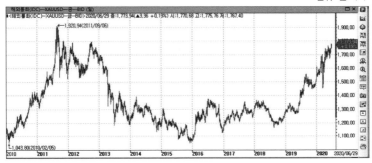

출처 : 연합인포맥스

2010년부터 2012년 사이의 금값은 가파른 상승세를 보였다. 1년 반 사이에 온스당 1,400원대에서 500원이 올라 상승률이 35%가 넘었다.

금값이 고공행진을 펼치자 귀 얇은 우리는 뭐라도 해야 했다. 동료 몇몇이 명동 금은방에 나가 금붙이를 좀 팔았다. 끈 떨어진 금목걸이, 헤어진 남친이 준 반지, 짝 잃은 귀걸이…. 묵혀뒀던 금붙이들을 처분하니 꽤 쏠쏠했다. 아쉬운 점은 그 유명한 명품 브랜드 T사의 목걸이도, 반지도 이렇게 팔 때는 한낱 금붙이에 불과했다는 것이다.

그 돈으로 모두들 모여서 술을 한잔했다. 술자리에서는 명품 브랜드 목걸이를 딱 금값만 쳐주던 냉정한 금은방 주인을 안주 삼아 씹으며 말이다.

파생상품으로 금투자 하기

그러다 뭐라도 해야 할 것 같아 금투자를 하기로 마음먹었다. 다음 날 은행에 가서 금을 사고 싶다고 했다. '이왕 사는 거 폼나게 영화에 나오는 것 같은 금괴를 사야 모양이 그럴싸하지'. 그런데 세상에, 네모난 모양에 음각으로 몸무게인지 비중인지가 써 있는 그 금덩어리는 너무나도 비쌌다. '역시 금이구나.'

사금을 채취하거나, 어디 금광 근처에서 조그만 가루만 주워도 돈이 된다더니 정말 그랬다. 한손에 쏙 들어오게 생긴 직사각형의 금괴는 도저히 투자할 형편이 안되었다. 그래서 금펀드에 들었다. 금값에 연동되어서 수익률이 오른다고 하니, 이거다 싶었다. 그 후로도 금값이 오름세를 이어갔으니 나는 마치 꿀단지라도 묻어둔 것처럼 든든했다.

금값이 꽤 올랐다 싶었을 때 펀드계좌를 열어봤다. 수익률이 3%였나? 너무 쥐꼬리였다. 금값은 20% 이상 올랐는데 이건 너무하다 싶어 은행에 가서 항의했다.

"아니, 금값이 이렇게 올랐는데 왜 수익이 안 나요?!"

은행 직원은 너무 담담하게 말했다.

"고객님, 이건 파생상품이에요."

이게 무슨 말인가. 나는 도대체 뭘 산 것인가. 내가 금을 사달랬

지 파생상품을 사달라고 했을 리 없다. 심지어 나는 파생상품이 뭔지도 잘 모른다.

은행직원은 친절하게 설명을 곁들였다.

"아, 고객님께서 실제로 금을 산 게 아니구요, 파생상품을 산 거예요. 금 지수에 투자한 거죠. 그래서 금값이 올라도 이건 빠질 수 있습니다."

내가 산 게 금이 아니라는 사실도 억울한데 그 금 지수라는 게 가격이 빠지기까지 했다고? 내가 금 지수를 보유하는 동안 금값이 많이 올랐고 고점이라는 생각이 든 눈치 빠른 투자자들은 이미 금 지수를 파는 전략으로 돌아선 것이다.

투자의 세계는 냉혹한 것이었다. 금값이 많이 올랐다고, 너무 오른 것이 아니냐고 내가 좋아서 희희낙락할 때 진정한 투자자들은 포지션 정리에 나선 셈이다. 하수란 이렇게 안쓰럽고 고달픈 존재다.

그리하여 나는 금펀드에서 발을 뺐다. 정확히 말하면 뭐 그닥 돈을 벌지도 못한 채. 마치 큰손투자자라도 된 듯 '금투자하는 사람'이라며 자화자찬하던 날은 그리 저물어갔다.

하지만 굼벵이도 구르는 재주가 있다고 하수는 정신승리에 능하다. 반드시 위안거리를 찾아낸다. 그때 현물로 금을 샀어도 나는 성공하지 못했을 것이다. 지금 금값이 온스당 1,300원대니 그때

1,900원대에 금을 샀으면 어쩔 뻔했나. 하이고, 가슴이 철렁한다.

얼마 전 친한 동료 한 명이 전셋집을 옮기는데 전세금 올려 달래서 돌반지며 금붙이며 다 처분했다고 했다. 그래, 금은 그렇게 절실할 때 요긴하게 쓰라고 갖고 있는 것이다. 우리네 옛 어머니들이 누런 금 99.9%짜리 쌍가락지를 장만해서 끼고 다닐 때는 다 이유가 있는 법. 함부로 공돈을 바라고 투자하고 그러면 못 쓴다.

더 알아보기

🔍 골드바와 금 파생상품, 어떻게 투자할까?

금으로 된 악세서리를 구입하는 것만으로도 이미 금투자는 시작되었다고 볼 수 있다. 그러나 금반지, 목걸이, 귀걸이 등의 금 세공품은 투자라고 보기에는 한계가 있다. 세공 비용과 디자인 비용은 물론 14K, 18K, 24K 등 다양한 비율로 나뉜다. 비슷한 금 목걸이처럼 보여도 부대비용과 금 비율에 따라 가격이 천차만별이다. 24K는 금이 99.99% 들어있을 경우를 표시하며, 18K는 75%, 14K는 약 58.5%의 금이 들어간다. 나머지는 금이 아니라 은이나 다른 금속이 포함된다. 그래서 누런 금빛의 정도도 다르게 나타난다.

이것을 규격화해서 현물로 거래할 수 있게 한 것이 바로 골드바다. 국내에서는 한국조폐공사가 KRX금시장 공인 품질인증기관이다. 골드바와 실버바를 제작한다. 정부는 안정적으로 금 현물을 거래할 수 있도록 2014년에 금 현물시장을 개설했다. 한국거래소가 금시장을 운영하고, 한국 조폐공사가 품질인증을, 한국예탁결제원이 금 지금 보관기관을 맡고 있다.

국내에서 골드바를 제작하는 회사는 LS-니코동제련이 유명하다. LS-니코동제련에 따르면 이 회사는 순도 99.99% 이상의 골드바와

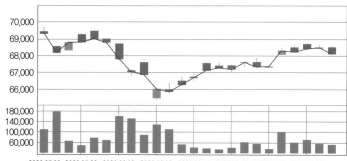

99.99% 1kg 금 가격 추이

█▌시·고·저·종가 ▐█ 거래량

| | 2020.05.26 | 2020.05.29 | 2020.06.03 | 2020.06.08 | 2020.06.11 | 2020.06.16 | 2020.06.19 | 2020.06.24 |

70,000
69,000
68,000
67,000
66,000

180,000
140,000
100,000
60,000

출처 : 한국거래소

금시장 양성화 방안 차원에서 2014년에 금 현물시장이 만들어졌다. 국내에서는 순도 99.99%, 중량 1kg 기준으로 상장되었다. 거래시간은 오전 9시 30분부터 오후 3시까지이며, 주식시장처럼 증권사와 선물사를 통해 거래가 가능하다.

실버바를 제작한다. 이 회사는 국제적으로 인정된 런던금시장 연합회(LBMA) 리스트에 등록된 한국 제조사라고 한다. 1kg, 100g, 10g 짜리를 출시하고 있다.

이 골드바는 한국금거래소 등을 통해 두루 거래된다. 기존에 우리나라에서 '돈'으로 부르던 단위는 1960년 계량법에 따라 표준중량인 'g' 단위로 바뀌었다고 한다.

한국 금 단위

돈	g(그램)
1돈	3.75g
5돈	18.75g
10돈	37.5g
15돈	56.25g
20돈	75g
266.6666돈	1000g

출처 : 한국금거래소

예전에는 금 단위를 말할 때 주로 '돈'이라는 단위를 사용했다. 돌잔치를 할 때 선물하는 금반지 한 돈은 3.75g을 의미한다. 실물 금에 투자할 경우에 매수하는 골드바는 보통 10g부터 살 수 있다. 국제거래에서 사용하는 금 단위인 온스(oz)는 28.35g을 의미한다.

금 현물 거래는 증권사 계좌 개설과 거래 시스템을 통해 할 수 있다. 한국거래소가 하는 KRX금시장에서 장내 거래할 경우 금 가격은 부가세가 면제된다. 배당 소득세와 양도세, 매매 차익에 대한 금융종합과세도 면제되는 장점이 있다. 실물로 살 경우 부가세가 10% 붙지만 현물 거래는 매수 시에 세금이 붙지 않는다. 다만 매수한 금을 돈(금지금)으로 인출할 때는 부가세 10%가 붙는다.

2020년 5월 26일 기준 금 현물 가격 종가는 6만 9,310원이다. 1돈 (3.75g)은 25만 9,913원이다. 하루 거래대금은 76억 원 정도다.

이처럼 금을 실제로 사고파는 것도 좋지만 금 가격에 투자하는 것도 하나의 방법이다. 국제 금 시세에 연동되어 있어 실물 투자와 비슷한 효과를 볼 수 있는 동시에 상품에 꾸준히 투자할 경우 매입 원가가 낮아지는 효과도 있다.

때에 따라서는 실물 금을 사고파는 것보다 파생상품이 더 유리할 수도 있다. 골드선물 레버리지 ETF나 금 가격을 기초자산으로 한 DLS, 금펀드 등이다. 대표적인 금 ELF인 KINDEX 골드선물의 경우 1만 2천 원대에 거래된다. 금펀드의 경우 금값 변동성과 별개로 꾸준히 적립식으로 투자해 수익을 내는 경우가 많다. 금융시장에 위기감이 감돌 때 안전자산으로서 금의 인기가 높아지기 때문이다.

'골드뱅킹'이라는 것도 있다. 은행 계좌를 열어놓고 일정 금액을 입금하면 은행이 금을 사서 적립해주는 방식이다. 실제 금을 사는 것이 아니라 금 시세 대로 환산해서 입금해주는데 소액으로도 매입할 수 있다. 자유입출금 통장이고, 금을 0.01g 단위로 적립해준다.

나는 왜 비트코인을 못 샀을까?

일단 로켓에 타라!

'사촌이 땅을 사면 배가 아프다'는 말이 있다. 배가 왜 아플까? 그건 사촌이 '땅'을 샀기 때문이 아니라, '사촌'이 땅을 샀기 때문이다. 아예 모르는 사람이 돈을 벌었다고 하면 '그렇구나' 하고 넘어갈 일도 아는 사람이 돈을 벌었다고 하면 샘이 나는 것이다.

예를 들어 모 회사의 모 대리가 '신라젠'에 투자했다가 대박이 나서 반차를 쓰고 포르쉐를 사러 갔다는 이야기가 돌면 '와! 좋겠다. 부럽네' 하며 이내 잊어버렸을지도 모른다. 나와 일면식도 없는 사람이 하루아침에 벼락부자가 되었다는, 뉴스에나 나올 법한 이야기로 생각했을 것이다.

사실 신라젠이 1,000% 넘는 수익률을 기록했다는 전설적인 얘기에도 그저 나와 너무 먼, 운 좋은 몇 사람들의 일이라며 내 일이나 잘하자고 마음을 다잡곤 했다. 아는 사람의 아는 사람 일이라는 전설 같은 이야기만 들려올 뿐이었다. 내 주변의 투자 꽤나 한다는 사람들도 신라젠을 사라는 얘기를 듣고도 사지 못했거나, 신라젠 대박을 미처 보지도 못하고 중간에 청산한 사람들이라 나의 복통이 심하지는 않았다.

비트코인 때문에 배가 아프다

그러나 비트코인은 달랐다.

주변에서 친구들이 하나둘씩 시험 삼아 비트코인을 사기 시작할 때, 나는 그런 '말 그대로' 가상의 화폐를 도대체 왜 사는지 이해할 수 없었다. 단지 '세상 돌아가는 데 호기심이 많은 사람들이구나' 하고 생각했다. 비트코인 값이 꽤나 오르기 시작하면서, 내 주변의 '보통사람'들이 한탕을 노리고 비트코인에 여윳돈을 끌어 모으기 시작할 때도 요행을 바라는 사람들이 많다고 여기며 '요즘 세상에 월급으로 부족함 없이 살기가 어렵긴 한가 보다' 하는 안타까운 마음이 들기도 했다.

　그런 생각을 하면서도 한편으론 나 또한 투자하고 싶은 마음이 없었던 것은 아니다. 그러나 비트코인이라는 실체가 모호한 상품에 투자하기엔 용기가 없었다. 이미 인버스 ETF에 물려 여윳돈이 없었던 탓도 있었지만 필패로 끝날 것이라 믿어 의심치 않았다 (저 포도는 신 포도일 거야!). 비트코인이 2천만 원을 넘어서기 전까지는 말이다.

　무서운 속도로 오르는 비트코인을 보면서 이성도 흔들리기 시작했다. 몇백 퍼센트는 바라지도 않고, 막차라도 타서 다만 몇십 퍼센트라도 먹고 나와야 하는 게 아닌가 하는 생각이 들었다. 집은 못 사도 한 달 월세는 벌었다더라, 여행 경비 정도는 나온다더라 등 내 주변 보통사람들이 너도나도 비트코인 이야기로 꽃을 피웠다. 투자는 여윳돈으로 하는 거라지만 비트코인 정도면 마이너스통장을 뚫어서라도 한방을 노려볼 만하다는 조막손답지 않은 생각마저 들었다.

　실제로 들리는 소문에도 나와 같은 생각을 한 사람들이 많았던 모양이다. 누구는 전세자금을 털어 넣었다더라, 누구는 적금 넣듯이 월급을 붓고 있다더라 등 식당에 가도, 카페에 가도 모든 사람들이 비트코인 얘기만 하고 있었다.

　2016년까지만 해도 50만 원 아래에서 고요한 흐름을 보이던 비

롤러코스터 타는 비트코인 가격

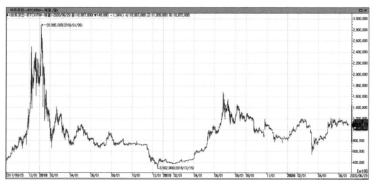

출처 : 연합인포맥스

2017년 말부터 비트코인 광풍이 불면서 2018년 초 비트코인 가격은 정점을 찍는다. 이후 빠른 속도로 오른 비트코인 가격에 대한 두려움 등으로 가상화폐 가격이 빠른 속도로 추락했다. 약 1년 반 정도의 정체기를 거친 후 1,100만원 대에서 횡보하는 모습이다.

트코인 가격은 2017년 중순부터 살금살금 오르기 시작했다. 급기야 2017년 12월에는 2,600만 원, 2018년 1월에는 2,888만 원까지 폭등했다. 비트코인은 기대가 기대를 부르면서 오로지 초과 수요에 의해서만 가격이 급등했다.

내가 비트코인의 존재를 알게 되었을 때, 적어도 식당이나 카페, 심지어 버스와 택시기사님마저 비트코인을 이야기할 때가 로켓을 탈 수 있었던 기회였을지 모르겠다. 그러나 이미 그 당시에도 비트코인에 대해 너무 많은 이야기가 나오면서 거품에 대한 공포도 조금씩 커지고 있었던 만큼 결정은 쉽지 않았다.

광풍은 지나갔지만 투자는 남았다

나는 롤러코스터의 꼭대기는 어디일지, 너무 늦은 것은 아닐지, 10%만이라도 먹고 나올 수 있을지 등등 고민만 하다가 결국 타이밍을 놓쳤다. 광풍은 순식간에 지나갔다. 아쉬웠지만 어쩌면 다행이라는 생각도 들었다. 고민하다 진입했는데 비트코인이 곤두박질치는 모습을 속절없이 지켜볼 뻔했다.

에릭 슈미트 구글 회장의 "일단 로켓에 타라(기회를 잡아라)"는 말은 나에게 일종의 교훈을 주었다. 전혀 그런 의도로 한 얘기는 아니었겠지만, 정신 못 차린 나란 사람은 '역시 진정한 한탕을 하려면 남들 관심 없을 때 뛰어들었다가 다들 몰려들 때 발 빼고 나와야 한다'는 진리를 여기서 깨우친 것이다.

3천만 원 가까이 올라갔던 비트코인 가격은 비트코인 과열을 우려한 정부 논의가 시작된 지 정확히 한 달 만에 600만 원대로 추락했다. 반토막도 아닌 반의 반토막이 났다. 2018년 말에는 350만 원대로 고꾸라졌다. 저점 인식에 2019년 초부터 비트코인 매수세가 들어오며 6월에는 1천6백만 원까지 반등하기도 했지만, 다시 지지부진한 흐름을 보이며 2020년 4월 현재 900만 원대 초반에서 머물고 있다.

이전과 같은 상승세가 다시 나타날지는 의문이지만 4차산업

혁명의 핵심기술인 블록체인 기술에 대한 논의가 이어지는 한 가상화폐가 사라질 가능성은 없을 것 같다. 주요국 중앙은행에서도 긴 안목에서 가상화폐를 논의하고 있고, 페이스북 등 글로벌 기업도 가상화폐를 발행하고 있다. 지난 2017년과 같은 광풍은 아니겠지만 좀더 긴 시각에서 비트코인에 투자해보는 것도 나쁘지 않을 것 같다.

가상화폐 투자, 이렇게 하면 된다

2017년 겨울부터였다. 누가 어떤 코인을 사도 오르던 시기였다. 지금의 동학개미들처럼 개미들이 너도나도 비트코인을 비롯한 이름도 다양한 가상화폐들을 사들이기 시작했다. 가상화폐에 대한 우려와 회의론이 무색할 만큼 하루하루 상상하지 못할 정도의 급등세를 나타내는 가상화폐를 보면서 '투자시기를 늦출수록 손해'라는 인식이 생겨났다.

무서운 속도로 오르는 가상화폐 가격에 사람들은 더 빨리, 더 많은 자금을 쏟아 붓기 시작했다. 누군가는 전세자금을, 누군가는 마이너스통장을 뚫어 자금을 조달했다. 가상화폐 가격이 폭등할수록 급락에 대한 공포도 커졌지만, 그럴수록 마지막 한탕을 노리는 비이성적인 자금들은 더 빠르게 유입되었다.

고삐 풀린 상승장은 그리 오래가지 않았다. 2018년에 접어들면서 가상화폐 가격이 폭락하기 시작했다. 우려가 커지는 가운데 한국을 비롯한 주요국 정부들은 거래소 폐쇄나 사업 차단 등 강도 높은 규제를 시사했다. 여기에 급등세에 불안감을 느낀 투자자들이 속속 가상화폐 매도에 나선 점도 폭락세를 부추겼다.

2018년 1월 6일 1비트코인당 2,888만 5천 원까지 올랐던 비트코인은 한 달도 채 지나지 않아 600만 원대로 떨어졌다. 비트코인 가격 하락을 저가매수 기회로 여긴 개미들의 의지에 다시 1,400만 원대까지 오르기도 했지만 가격 하락을 막을 수 없었다. 그렇게 2018년 12월 15일 비트코인은 356만 2천 원으로 최저 가격을 찍게 된다. 한차례 폭풍이 몰아친 뒤 비트코인은 2019년 3월 다시 상승세를 나타내며 1,600만 원대까지 오르기도 했지만, 이전 같은 투자과열은 한풀 꺾인 모습이었다. 이후 지금까지 비트코인은 700만~1,200만 원 사이에서 등락을 거듭하고 있다.

가상화폐의 반감기란 가상화폐를 채굴할 때 보상으로 지급되는 가상화폐 양을 절반으로 줄이는 것인데, 가상화폐 수량을 한정해 가격을 올리는 요인으로 작용한다. 2020년 5월 12일은 비트코인의 세 번째 반감기였다. 반감기는 4년에 한 번씩 돌아온다.

비트코인의 첫 번째 반감기는 지난 2012년 11월 28일이었다. 두 번째 반감기는 2016년 7월 10일, 세 번째 반감기가 2020년 5월 12일이었다. 채굴에 대한 보상은 최초 50개에서 25개, 12.5개, 이제는 6.25비트코인으로 줄었다.

반감기는 채굴을 통해 시장에 공급되는 비트코인의 양을 절반으로 줄임으로써 비트코인 가격 상승을 유도한다. 지난 2016년 반감기 직후 비트코인이 상승하기 시작해 2017년 비트코인 광풍을 불러온 것처럼 투자자들은 반감기 직후 가상화폐 가격 상승을 예상하기도 했다.

2020년 코로나19로 전통적인 안전자산이 흔들리는 모습을 보이는 가운데 가상화폐가 상대적으로 안정적인 흐름을 보이자 기대가 커지고 있다. 이번 반감기 이후 가상화폐가 또다시 유망 자산으로 각광받게 될지 주목된다. 그러나 여전히 비트코인 등 가상화폐에 대한 우려와 의구심이 남아 있는 가운데 2018년 핏빛 기억을 떠올리는 투자자들이 쉽게 베팅에 나설지 두고 봐야 한다.

2018년 1월 30일부터 실명 확인 입출금계정 서비스가 시행되었다. 거래소가 계약한 은행의 계좌를 만들고 실명 확인을 거쳐야 투자할 수 있다. 이전까지는 스마트폰 앱 설치로 주식처럼 가상화폐를 사고팔 수 있었지만 투자 열기가 과열되면서 실명 확인이 필요해졌다.

가상화폐 거래소와 거래자의 계좌가 서로 다른 은행에 있다면 거래자는 가상화폐 거래소가 지정한 은행에서 계좌를 신규 개설해야 한다. 신한은행과 농협은행, 기업은행, 국민은행, 하나은행, 광주은행 등에서 계좌를 만들 수 있다. 이후 계좌에 현금을 입금하고 가상화폐를 매매하면 된다.

빗썸은 NH농협은행, 업비트는 IBK기업은행 계좌로만 입출금이 가능하다. 원하는 가상화폐 거래소가 어떤 은행 계좌를 필요로 하는지 확인해봐야 한다.

그동안 가상화폐는 법적으로 금융상품으로 분류되지 않아 피해를 당해도 구제받기가 쉽지 않았다. 그러나 국회는 지난 3월 가상화폐를 가상자산으로 인정하는 내용이 담긴 특정금융거래정보의 보고 및 이용 등에 관한 법률(특금법) 개정안을 통과시켰다. 이 개정안에는 가상화폐거래소의 자금세탁 방지 의무와 거래 시 실명계좌를 확보하는 등의 의무를 규정하고 있다. 그러나 200여 개가 넘는 가상화폐 거래소 중에 실명계좌가 있는 거래소는 빗썸과 업비트, 코인원, 코빗 등 4곳뿐이다. 다만 특금법에도 실명계좌 발급에 관한 구체적인 요건이 명시되지 않았고 2020년 3월 개정안 시행까지 수개월이 남은 만큼 투자자들의 주의가 필요하다.

나는 왜 원유 ETN에 들어갔나?

조막손의 소꿉놀이

나라고 항상 투자의 쓴맛만 보는 것은 아니다. 몇 년 전 원유 ETN(Exchange Traded Note)으로 소소한 재미를 본 적이 있다.

2015년 서부텍사스산 원유(WTI)가 배럴당 62달러까지 오른 이후 꾸준히 하락하며 2016년 2월에는 배럴당 26달러대로 추락했다. 당시에도 '유가 20달러대가 바닥'이라는 인식에 원유에 투자해야 한다는 기사들이 쏟아져 나오고 있었다. 투자에 관심 없던 아버지마저 "지금 유가가 하락한다던데 사야 하는 게 아니냐"고 물으실 정도였다.

겸손한 투자금이 가져온 성공

그래서 샀다. WTI원유 선물의 일간수익률을 2배수로 추적하는 ETN이었다. 사용하던 증권사 앱에서 ETN 거래를 신청하고 몇 가지 추가동의와 인증을 거치면 주식처럼 거래할 수 있다. 당시 유가가 막 바닥을 찍은 시기였던 만큼 발목 밑에서 샀다고 자부한다.

2월과 3월, 8월 세 차례에 걸쳐 매입하고 4월과 9월에 두 차례 차익실현에 나섰다. 20%, 나름 성공적이라고 할 만한 수익률이었다. 하지만 당시 막 투자에 첫발을 내민 투자 꿈나무였던 만큼 포부에 비해 투자금은 겸손했다.

WTI의 하락과 반등

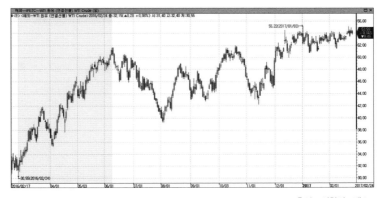

출처 : 연합인포맥스

유가는 산유국들의 원유 패권 경쟁으로 종종 가격이 하락하곤 한다. 배럴당 20달러대가 바닥이라는 인식에 원유 반등을 예상하는 투자자들은 원유 ETN에 투자해 수익을 노린다.

이후 원유는 배럴당 60~80달러 선에서 등락했다. 특히 2019년에는 배럴당 50~60달러 수준의 좁은 박스권에서 횡보하면서 내 기억에서 멀어져갔다.

그러던 중 또 한 번의 기회가 온 듯했다. 2020년 들어 신종 코로나바이러스 감염증(코로나19) 확산으로 글로벌 경제가 멈춰서면서 원유 수요 둔화 우려가 커졌다. 유가는 가파르게 하락했다. 수요 둔화에도 사우디아라비아와 러시아가 원유 증산 경쟁을 이어가면서 유가는 말 그대로 수직낙하했다.

미국이 두 국가의 감산합의를 압박하는 가운데 사우디와 러시아를 비롯한 주요 산유국이 감산합의에 도달했지만 이미 심리적

2020년 WTI가 마이너스를 기록하다

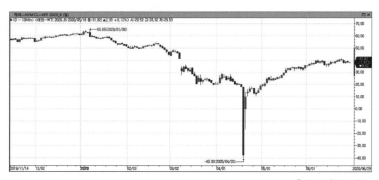

상식적으로 원유의 가격이 마이너스로 간다는 건 이해하기 어렵다. 산유국들의 감산합의 불발과 코로나19로 인한 원유 수요 감소 등으로 원유비축분이 늘어나면서 점차 저장 공간이 부족해지자 원유를 생산할수록 저장 비용이 더 늘어나 수익에 마이너스 영향을 미친다.

지지선을 뚫고 내려간 유가를 끌어올리기에는 역부족이었다. 여기에 원유선물 만기까지 겹치면서 WTI 5월물 가격은 하루에만 300% 넘게 폭락하며 역사상 처음 마이너스 유가를 기록했다. 이후 6월물로 넘어가면서 마이너스 유가에서 회복되는 듯했으나 여전히 배럴당 20달러 선 아래에 머물고 있다.

이미 유가하락세가 진행 중이던 3월, 나는 다시 한 번 원유 ETN을 사들였다. '과거의 내가 아니다'며 제법 투자규모를 키워 배럴당 30달러대에서 원유ETN을 샀다. 그러나 하루 만에 다시 매도에 나섰다. 왠지 모를 불안감이 엄습했기 때문이다.

괴리율이 도대체 뭐길래

유가 반등을 노리고 원유 ETN에 투자한다는 기사가 쏟아지는 가운데 코로나19의 영향이 아직 서구권에서 본격화되지 않은 만큼 '지금 유가가 바닥'이라는 확신이 없었다. 당시에도 원유 ETN에 대한 열기가 얼마나 과열됐던지 매수한 지 하루 만에 매도했음에도 6%의 수익을 실현할 수 있었다.

이후 원유 ETN의 괴리율이 높아져 투자자 손실 가능성이 커졌다는 뉴스가 날마다 나왔다. 괴리율은 시장가격과 지표의 실제 가치의 차이를 나타내는 비율로, 이 비율이 커질수록 실제 가치보다 시장가격이 고평가되었다는 의미다. 한국거래소는 괴리율 30% 이상인 종목에 대한 거래를 정지하기도 했다. 괴리율이 600%를 넘어서는 원유 ETN도 있었다. 투자과열로 ETN의 시장가격이 실제 가치에 비해 6배나 높게 측정되었다는 것이다. 그 종목은 내가 투자했던 종목이기도 했다.

두 차례의 원유 ETN 투자를 통해 다시 한 번 투자는 아무리 준비하고 공부해도 확신할 수 없는 것이라는 생각이 들었다. 시장에는 언제나 변수가 존재하고 그 변수는 경제에서도, 정치에서도, 심지어 전염병으로도 발생할 수 있다. 특히 변수 중 가장 고약한 변수는 투자심리인 듯하다.

유가의 변동성이 극심한 이유

투자에 관심 없는 사람도 1차 오일쇼크, 2차 오일쇼크 등을 들어본 적은 있을 것이다. 그만큼 세계 공장을 돌리는 주요 에너지원인 원유의 가격동향에 따라 세계 경제가 흔들릴 수 있다는 말이다.

2020년 상반기의 엄청난 유가 변동성에는 유례없이 급속하게 전세계로 퍼지며 글로벌 경제를 마비시킨 코로나19가 가장 큰 영향을 미쳤다. 바이러스 확산으로 사람들이 외출을 자제하고 집에 머물면서 소비와 생산, 교역이 모두 위축되었다. 가계와 기업의 생산 활동이 멈추면서 자연스럽게 원료인 원유의 수요도 감소하게 되었다.

통상 수요 감소는 유가 하락을 가져오지만 산유국들이 원유 공급을 줄이지 않으면서 유가가 더 빠르게 큰 폭으로 하락했다. 2020년 4월 20일에는 5월 인도분 서부텍사스산 원유(WTI)가 사상 처음으로 마이너스(-) 37달러를 기록했다.

유가가 마이너스라는 것은 원유 생산업체가 돈을 주고 원유를 팔아야 한다는 뜻이다. 원유 수요는 없는데 공급은 이어지면서 원유를 저장할 공간을 확보하기 어렵게 되었다.

물론 당시 원유선물 투자자들이 5월물 WTI 만기일을 앞두고 실제로 원유를 인수하기보다 6월물로 갈아타면서 일제히 5월물을 팔면서 가격 왜곡이 생겼다는 분석도 있다. 그러나 마이너스 유가가 이미 시장에 큰 충격을 줬다.

마이너스 유가의 엄청난 충격 이후 유가는 한동안 부진을 이어갔지만 점차 충격에서 회복되며 가격이 올랐다. 사우디아라비아와 러시아 등 산유국이 5~6월에 걸쳐 하루 평균 970만 배럴의 원유생산을 줄이는 등 WTI는 두 달여 만에 다시 배럴당 30달러 선을 회복했다.

산유국 간 증산경쟁으로 국제유가가 곤두박질친 일은 처음이 아니다. 주로 산유국 간 시장점유율 경쟁으로 유가가 하락하기도 한다. 주요 산유국들이 시장점유율 확대를 위해 출혈경쟁도 마다하지 않으면서 유가 변동성을 키우는 것이다.

2020년 3월에도 석유수출국기구(OPEC)와 러시아 등 주요 산유국이 추가감산 및 기존감산 합의연장에 실패하면서 유가하락을 촉발했다. 러시아가 추가감산에 반대한 가운데 OPEC의 수장 격인 사우디아라비아는 원유수출 단가를 인하하고 원유생산량을 늘렸다. 사우디와 러시아가 유가폭락을 감내하고서라도 시장점유율을 늘리기 위한 치킨게임에 돌입할 수 있다는 우려가 커졌다.

또한 산유국들은 미국 셰일가스 업계를 고사시키기 위해서도 원유 생산량을 늘리기도 한다. 미국 셰일가스가 원유의 대체재가 될 수 있는 만큼 셰일가스보다 더 낮은 가격경쟁력을 내세우는 것이다. 셰일가스는 배럴당 40~50달러의 채산성을 가진다. 유가가 이보다 낮은 수준으로 유지될 경우 수지타산을 맞추지 못한 셰일업계가 파산하고 경영진이 교체되는 등 미국 셰일업계가 고사 위기에 처할 수 있다.

나는 왜 곡물펀드를 샀나?

나를 믿지 말고 꼭지다 싶으면 손절하라

듣고 싶은 것만 듣지 말고, 모르면 물어볼 것.

"고객님, 잠깐 사이에 가입을 하셨네요. 그런데 지금이 꼭지예요. 사흘 안에 지점을 방문해서 취소해주세요."

은행 직원의 목소리는 한숨 반, 웃음 반이 섞여 있었다.

점심 때 창구에서 펀드하겠다고 상담한 지 한 시간도 채 안 지났다. 은행에서 나오기 무섭게 펀드 수익률이 거의 80%로 꼭지에 도달한 상품을 휴대폰으로 가입했으니 그럴 만도 했다. 게다가 본인 이름을 추천자로 써넣었으니 자주 보는 은행 직원이 보기에 내가 꽤나 한심했던 모양이다.

꼭지가 분명한데 자신을 믿는 자

펀드는 가입하면 실제로 가입되기까지 사흘이 걸린다고 한다. 직원은 잠시라도 지점에 들러 펀드 가입을 취소하라고 했다. '꼭지'가 분명하니 꼭 오라고 신신당부했다.

안타깝게도 허술한 투자자는 그런 말을 정말 귀담아듣지만 금방 잘 까먹는다. '지점에 들러서 취소해야지' 생각은 했지만 곧 잊어버렸다. 그리고 사흘이 지났고 그 펀드는 내 계좌에 떡하니 자리를 잡았다.

바로 마이너스 60%까지 가는 놀라운 수익률을 보이던 펀드는 곡물펀드였다. 이름이 식량펀드인 줄 알았는데 생각해보니 곡물펀드다. 펀드 이름도 잘 몰랐던 것이다.

그 펀드를 가입한 이유는 식량위기에 대한 걱정 때문이었다. 당시 한국은행이 발표한 '해외경제포커스'라는 주간 보고서에 식량위기 상황이 올 수 있다는 분석이 나온 적이 있다. 국제 곡물가격이 급등하던 상황을 분석하면서 과거 2008년이나 2010년과 같은 식량위기 상황이 다시 생겨날 수 있다는 내용이었다. 옥수수가격, 대두가격 등이 모두 오르고 있다고 했다. 주요 생산국의 가뭄에 작황이 나빠지고, 인구가 많은 중국·인도 등의 수요가 증가하면서 공급충격이 나타날 수 있다고 했다.

기 위기의식이 들었다. 먹을 것이 없는 극한 상황에 대비해야 한다는 쓸데없는 절실함에 휩싸였다. 펀드에 가입하는 화면 메인에 소개되어 있던 곡물펀드 수익률을 보자 '바로 이거다!' 하는 생각에 바로 가입하게 된 상품이었다.

그 후 은행직원으로부터 전화가 한 번 더 왔다. 은행직원은 사흘 내로 지점을 방문하지 못한 나를 못내 안타까워했다.

"식량난이 올지도 모르니 조금 기다려볼게요."

무덤덤하게 답하던 내가 얼마나 어이가 없었을까.

그로부터 몇 달이 지났지만 식량위기는 오지 않았다. 곡물가격은 참으로 희한하게도 수요와 공급이 맞물리다 조금씩 조정이 되었다. 그러는 동안 내 곡물펀드는 점점 마이너스 폭이 커지기 시작했다. 마이너스 10%, 20%, 30%….

그나마 다행인 것은 금액이 크지 않았다는 점이다. 처음에 5만 원씩 매달 넣기로 했지만 규칙적으로 넣지 않아서인지 손실은 별로 보지 않았다. 마이너스 폭은 정말 놀라울 정도로 커졌지만 원금이 적어서 기껏해야 몇만 원이었다. 정말 수중에 돈이 없어서 다행이다.

식량난 걱정보다 수익률 걱정이 먼저

그 펀드는 어느새 내 계좌에서 완전히 사라졌지만 곡물펀드는 내가 지금까지 해본 펀드 중 제일 특이한 펀드였다. 아직도 그게 옥수수인지, 밀인지, 팥인지⋯ 뭐에 투자하는 펀드였는지 정확히 모르겠다.

그렇지만 나는 아직도 언젠가는 식량난으로 곡물가격이 다시 치솟을 가능성이 있다고 믿고 있다. 틈만 나면 농사를 짓는 시도를 하는 것도 다 이런 이유에서다. 먹을 것이 부족한 것만큼 불행한 일은 없을 테니까 말이다. 사람은 먹을 게 충분해야 너그러움과 평화를 누릴 수 있다고 생각한다.

펀드에 가입하면 읽어야 할 서류가 많다. 무엇에 투자하는지, 어떤 비중으로 하는지, 수익률은 어떤지를 담은 수십 장의 펀드 설명서를 읽어야 한다. 대부분의 사람들은 읽지 않는다. 나도 그렇다. 모두 꼼꼼히 읽고 있다면 할 말 없고⋯.

사인을 해야 하는 온갖 서류들을 제대로 보지 않고 넙죽 사인하며, 때로는 '투자성향이 공격적이지 않다'는 말에 일부러 공격적으로 만들기도 했다. 정말 질문 몇 개에 대한 답변만 바꿔도 나는 공격적인 사람이 된다.

그래서일까, 펀드투자 성적이 영 시원찮다. 가끔 주식형펀드

274

에 가입해서 꽤 수익을 낼 때도 있었지만 그럴 때면 여지없이 종잣돈이 적다. 손실을 보면 얼마 없는 돈에서도 쏙쏙 손실이 잘도 난다.

곡물펀드 사건 이후 나는 은행창구에서 설명해주는 말을 귀담아듣기로 했다. 그러면서도 '이거 나한테 팔려고 그러는 거네' 하는 의심을 하며 또 내 마음대로 가입할 때도 많다. 나는 여러 금융상품을 쇼핑하는 '문어발식' 투자를 지향한다.

생각해보면, 은행직원이 팔려고 하는 상품은 그 시기에 제일 핫한 상품일 텐데 말도 안 되는 지식을 내세우며 고집을 부리고는 생각지 못한 수업료를 내기도 했다. 나 같은 투자자라면 오히려 문어발식 투자가 제일 나은 선택일 수도 있겠다는 생각이 든다. 펀드 가입을 이것저것 해본 지 10년도 넘은 이제서야 말이다.

펀드 가입 시 체크해야 할 사항

어린이도 펀드에 투자한다는 말을 할 정도로 펀드는 저금리시대에 예금상품의 대안으로 각광받고 있다. 우리가 흔하게 펀드라고 부르고 있지만 시판되는 펀드는 수천 개에 이르고, 각 펀드마다 투자하는 종목도, 조건도 모두 다르다. 주로 주식형펀드, 채권형펀드, 주식과 채권에 모두 투자하는 혼합형펀드가 많다. 시판되는 펀드는 금융투자협회의 전자공시 서비스(dis.kofia.or.kr)에서 찾아보고 비교해 볼 수 있다.

펀드를 가입할 때는 개인의 투자성향과 자금의 사용목적에 따라 가입할 펀드를 잘 찾아야 한다. 펀드는 원금이 보장되지 않는 금융상품으로 운용결과에 따라 수익이 늘어날 수도, 손실이 발생할 수도 있다. 은행예금에 비해 위험을 감수해야 하지만 최근 저금리시대에 은행에서 주는 이자보다 높은 수익률을 기대할 수 있는 장점이 있다.

투자성향이란 투자자가 어느 정도까지 위험(손실)을 감수할 수 있는지의 정도를 나타내는 것이다. 가입 전 위험선호인지 안전선호인지 확인한 후 투자목적에 맞는 상품을 가입하는 것이 좋다.

펀드에 투자해 수익을 냈다고 해도 고스란히 내가 가져갈 수 있는 게 아니라는 점도 알아둬야 한다. 보수와 수수료가 발생하기 때문이다. 펀드는 개인이 쉽게 투자하기 힘든 상품을 자산운용사 등 전문가들이 대신 운용해주는 것으로 이들의 업무수행에 대한 대가를 지불해야 한다. 보수와 수수료율이 얼마나 되는지에 따라 수익률에 영향을 미치게 된다. 모든 펀드의 보수와 수수료는 앞서 언급한 금투협 전자공시서비스에서 확인할 수 있다.

전자공시서비스에서는 내가 가입하려는 펀드의 과거 실적이 어땠는지, 어떤 펀드매니저가 내 펀드를 운용하는지도 확인할 수 있다. 가입하려는 펀드의 매니저가 수시로 바뀌었다면 이 펀드는 책임 있게 운용될 가능성이 낮다. 또한 매니저별 실적도 전자공시서비스에서 확인할 수 있으니 섣불리 펀드에 가입하기 전에 이런 부분도 꼼꼼히 챙겨봐야 한다.

자본시장법에 의하면 펀드는 크게 증권집합투자기구와 단기금융집합투자기구, 그리고 부동산/특별자산/혼합자산 집합투자기구로 나눌 수 있다.

증권집합투자기구는 주식과 채권, 펀드 및 이와 관련된 파생상품에 투자하는 펀드로서 시판되는 펀드 중 종류와 수가 가장 많다. 주식형펀드는 펀드의 60% 이상을 주식에 투자하는 펀드다. 고위험을 감수하고 고수익을 추구하는 펀드인 만큼 적극적인 위험선호 성향의 투자자에게 알맞다.

채권형펀드는 주식에 전혀 투자하지 않으면서 60% 이상을 채권에 투자하는 펀드다. 주식과 채권에 같이 투자하는 혼합형펀드도 있다. 이 펀드는 주식이나 채권 어느 한쪽에 60% 이상 투자할 수 없다.

여러 종류의 펀드에 분산투자하는 재간접형펀드와 자산의 10%를 초과해 장내외 파생상품에 투자하는 파생형펀드도 증권펀드의 일종이다.

단기금융집합투자기구(MMF)는 펀드의 투자목적이 분명하고 단기로 목돈을 운용할 때 유용하다. MMF는 Money Market Fund의 약자로 짧은 기간 동안 자금을 운용할 목적으로 만들어진 펀드다. 환매수수료가 없고 입금과 출금이 자유롭다는 특징이 있다. 투자금액에도 제한이 없다. 다만 MMF는 주로 단기채권이나 양도성예금증서(CD) 등 현금성자산에 투자해 채권형펀드보다 수익률이 낮다. 장부가 평가방식이라 금리변동에 따른 위험이 적다는 장점이 있지만 시가와 장부의 평가가치 괴리가 0.5% 이상인 경우에는 투자자 보호를 위해 시가로 평가하도록 규제하고 있다.

부동산집합투자기구는 부동산과 관련된 펀드로 분양권이나 부동산을 기초로 한 파생상품, 부동산 개발사업 등 부동산 사용 관련 권리나 주택저당채권담보부채권 등 부동산 관련 증권에 투자해 수익을 추구하는 펀드다.

특별자산집합투자기구는 금이나 원유, 농산물, 선박, 금속광물 등 실물자산에 투자하는 펀드다. 주식이나 채권, 부동산을 제외한 투자상품에 펀드 자산의 50% 이상을 투자해야 한다.

혼합자산투자기구는 여러 종류의 자산에 투자하는 펀드다. 증권과 부동산, 특별자산 등 여러 자산에 투자한도 제한을 받지 않고 투자할 수 있다.

펀드에서 수수료와 보수는 비용의 개념이지만 세부 내용에는 차이가 있다. 수수료는 펀드를 사거나 환매할 때 부과하는 비용으로 가입이나 환매 시 1회에 한해 부과한다. 그러나 보수는 운용보수와 판매보수, 수탁보수, 기타 사무보수 등 펀드를 투자자 대신 관리해주는 데 드는 비용으로 펀드를 투자하는 기간 동안 지속적으로 부과된다.

하지만 펀드 상품의 종류가 다양한 만큼 수수료와 보수 등 세부 내용에 있어 다양한 차이가 있을 수밖에 없다. 이런 상품별 차이를 개인이 쉽게 알 수 있는 방법이 있을까? 그 답은 상품명을 잘 보면 찾을 수 있다.

펀드의 클래스는 무엇을 의미하는 것일까? 펀드의 종류가 다양한 만큼 펀드마다 가입가능 자격과 운용보수, 수수료 체계도 다양하다. 펀드클래스란 이러한 펀드별 특성을 구분해놓은 것으로 펀드의 상품명 뒤의 알파벳으로 표시된다.

크게는 판매수수료 부과시점에 따라 A와 C로 나뉜다. A클래스는 가입 시 일회성 선취수수료를 내지만 매년 지불하는 보수는 상대적으로 낮다. C클래스는 A보다 보수는 높지만 선취수수료를 내지 않는다. 투자기간과 가입경로에 따라 비용이 저렴한 클래스의 펀드를 고르는 것이 중요하다.

알파벳 뒤에 A-e 등 다른 알파벳이 붙는 경우가 있는데, 이는 가입경로를 표시하는 것으로, 'e'는 인터넷 전용 상품이라는 의미다.

또한 알파벳 뒤에 숫자가 붙는 경우도 있는데, 이는 해당 펀드가 체감식 판매보수 클래스라는 의미로(CDSC클래스) 투자기간을 의미한다. 투자기간이 길어질수록 펀드의 수수료와 보수가 내려간다.

클래스별 펀드의 특징

	비 고
A클래스	펀드 가입 시 판매수수료를 내야 함(선취수수료)
B클래스	펀드 환매 시 판매수수료를 내야 함(후취수수료)
C클래스	판매수수료를 내지 않아도 되는 대시 A나 B클래스펀드보다 높은 판매보수를 부담해야 함
S클래스	펀드슈퍼마켓(fundsupermarket.co.kr)을 통해 펀드에 가입할 수 있음
E클래스	인터넷을 통해 펀드에 가입할 수 있음
P클래스	연금저축펀드(5년 이상 유지 시 55세 이후 연금을 받을 수 있는 펀드)
T클래스	소득공제장기펀드(5년 이상 유지 시 납입금액의 40%를 소득공제 해주는 펀드)

출처 : 한국금융투자자보호재단

펀드클래스는 펀드별 특성을 구분해놓은 것으로, 펀드의 상품명 뒤의 알파벳으로 표시된다. 크게는 판매수수료 부과시점에 따라 A와 C로 나뉜다. 'e'는 인터넷 전용 상품이라는 의미다.

참고 자료
금융투자협회 전자공시서비스
한국금융투자자보호재단

나는 왜 츄러스 가게에 투자했나?

연말 소득공제에 혹했던 크라우드펀딩

좋아해서 한 일이었다. 그 집 츄러스를 너무 좋아했다. 바삭하게 베어 물면 설탕이 입술에 묻어났고, 촉촉한 빵이 설탕과 어우러졌다. 씹을 때마다 바삭바삭해서 기분이 상쾌해졌다. 영화관에 들어가는 입구에 있는 그 가게에서 종종 아이와 함께 짧게 자른 츄러스를 사먹곤 했다.

이자율은 9.0%로 너무 매력적이었다. 일반 회사채로 12개월 만기였다. 만기일까지 약 2년이었다. 투자를 하면 츄러스 바우처도 준다고 했다. '세상에 이런 달콤한 투자가 있나!' 나는 바로 여기

야말로 내가 찾던 투자처라고 생각했다. 그렇게 크라우드펀딩에
발을 들였다.

투자도 재미있게 할 수 있다면?

크라우드펀딩은 새로운 투자방식으로 자리를 잡았다. 몇 년 전
지인이 회사를 퇴직한 후 크라우드펀딩 회사 대표로 근무한다는
말에 한 번 인터뷰를 한 적이 있었다. 창의적인 프로젝트를 만들
어서 사람들의 투자를 받는 일이라 신기하다고 생각했다. 어른아
이 할 것 없이 누구나 프로젝트를 만들 수 있고, 투자자를 모을 수
있다고 했다. 소상공인은 물론 상장을 앞둔 기업도 참여한다고
했다. '새로운 사업 방식이구나' 생각했는데 새로운 투자방식이기
도 했다.

연말정산에서 세금 폭탄을 맞게 되면서 나는 크라우드펀딩에
관심을 갖기 시작했다. 이게 소득공제가 된다는 설명을 읽고부터
였다. 금융당국이 2019년부터 크라우드펀딩을 적극 허용하면서
투자금 3천만 원 이하인 경우 100% 소득공제가 가능해졌다. 벤처
기업 투자를 장려하는 정책의 일환이었다. 벤처기업의 경우 2018년
이후부터 3천만 원 이하는 투자금액 100%, 3천만 원 초과 5천만

원 이하는 70%, 5천만 원을 초과한 경우 30%의 소득공제가 적용된다. 세금 폭탄을 피하려고 찾은 크라우드펀딩이었지만 너무 신기했다. 소득공제가 된다는 점이 가장 큰 장점이었다.

투자 금액도 소액부터 가능해서 부담이 없었다. 최소 30만 원부터 투자하기 때문에 조금씩 분산 투자할 수 있었다. 게다가 문화 프로젝트에 참여하면 해당 행사의 티켓을 준다거나 이용권을 주는 등 소소한 재미도 있었다. 츄러스 가게 투자에는 츄러스 교환권을 줬다. 물론 내가 좋아하는 가게에서는 그 교환권을 쓸 수 없다고 했지만 개인적으로 마음에 드는 가게였기에 투자를 후회하지는 않았다.

그러다 두 번째 크라우드펀딩에 나섰다. 이번에는 한국영화였다. 한국영화온라인펀딩이호 주식회사의 크라우드펀딩은 2020년 개봉하는 영화 두 편에 대한 것이었다. 이익참가부사채라는 이 펀딩은 16개월 만기였다. 이익참가부사채란 채권 수익률을 제공하는 것은 물론 추가 이익이 발생할 경우 배분도 해주는 채권을 말한다. 프로젝트가 성공만 하면 수익을 배분받을 수 있으니 수익률이 증가하는 셈이다. 이번 한국영화 프로젝트는 중도상환권으로 투자금을 1차 상환한 후 만기에 2차로 상환하는 조건이었다. 1차 상환은 증권 발행일로부터 약 10개월 도래 시점으로 가장 먼저 극장 개봉한 영화의 투자 정산대금으로 상환한다고 했다. 작품은 '지푸라기라도 잡고 싶은 짐승들'과 '킹 메이커: 선거판의 여우'였다. 펀딩 결과도 좋았고, 유명 배우들이 나오는 영화들이라 기대가 컸다.

하지만 하필이면 신종 코로나바이러스가 퍼지면서 국내 영화관은 겨울을 벗어나지 못했다. 초기에 코로나바이러스 확진자들이 영화를 본 것으로 알려지면서 영화관은 기피 공간이 되었다. 한동안 '사회적 거리두기'로 외출을 꺼리는 사람들이 많아지면서 이런 분위기는 이어졌다. 4월에 처음으로 영화를 보러갔을 때 불과 관람객이 7명에 그친 것만 봐도 분위기를 알 수 있었다. 나의 첫 한국영화 투자가 어떻게 마무리될지 걱정되는 시점이었다.

실제로 크라우드펀딩이 종료된 후 해당 프로젝트에는 신종코로나 이슈 대응에 대한 질문이 잇따랐다. 이 회사는 개봉일을 1차 연기한 후 2월에 개봉을 하려 했지만 영화 흥행에 많은 영향을 미치게 되었다고 설명했다. 개봉 당일 박스오피스 1위를 차지했지만 일일 극장 관람객수가 10만 명 미만으로 떨어지면서 성과를 달성하지 못했다고 설명했다.

투자금이 소액이었지만 기대가 컸던 터라 아쉬움도 컸다. 이처럼 작품이나 프로젝트가 아무리 좋아도 시기를 잘못 만나면 투자 결과는 어그러지기도 한다. 그저 해당 금액에 대한 원금과 이자라도 돌려받으면 다행이고, 만약 못 받게 된다면 그 돈으로 몇 년치 영화를 본 셈 쳐야 한다.

역시 투자는 타이밍이 좋아야 하나보다. 본인의 실력으로 되는 부분도 있겠지만 상당 부분 때를 잘 만나야 하는지도 모른다. 같은 시기에 동남아시아에 김을 파는 회사도 크라우드펀딩을 하고 있었는데, 그 회사는 잘 되고 있는지 궁금해진다.

모험자본, 해 뜨기 직전에 가장 어두운 법

투자 결과는 아직 불투명하지만 나는 크라우드펀딩이 꽤 괜찮아 보인다. 한국영화는 물론 음악 행사, 전통 제품, 식품 배달회사, 커피숍까지 누구나 나서서 투자를 받을 수 있다니 이보다 매력적일 수는 없다. 마음에 드는 가게와 상품에 조금씩 투자해 볼 수 있는 기회를 얻을 수 있어서다. 투자한 회사가 상장할 경우 수익이 커지기도 한다.

하지만 초기에 달성하려던 연말정산 소득공제 혜택을 제대로 보지 못했다. 일단 크라우드펀딩의 형태가 주식투자여야 하는데 일부를 채권으로 투자하는 바람에 소득공제 대상이 아니었다. 크라우드펀딩 활성화를 목표로 한다고 해놓고, 주식과 채권은 달리 적용된다. 게다가 유일하게 바이오기업 한 곳에 소액 투자를 해봤는데, 이곳은 연말에 임박해서 투자했더니 그해에는 소득공제 대상에 포함이 안 된다고 했다. 이러다 일 년이 지나 기업이 사라지면 안 되는데. 투자할 때 아예 '소득공제'라고 태그가 붙어 있는 프로젝트를 선택하는 것이 가장 좋은 방법이다.

다만 기억해야 할 점은 원금 손실 가능성이다. 당장은 마음이 끌려서 투자한다 해도 벤처기업이나 스타트업이 수익을 내지 못한다면 손실이 발생할 가능성을 배제할 수 없다.

최근까지 너무 괜찮은 회사라고 생각했던 국내 수제자동차 회사 한 곳도 크라우드펀딩 투자결과가 별로라는 소식을 들었다. 아름다운 클래식카에 반해서 호시탐탐 투자하고 싶었던 곳이었다. 크라우드펀딩을 구경하다 보면 가끔은 손실을 보더라도 투자하고 싶은 기업을 만날 수도 있다.

크라우드펀딩이란 무엇인가?

크라우드펀딩(Crowd funding)이란, 대중·집단의 뜻을 가진 크라우드 (crowd)와 자금·자금조달의 뜻을 가진 펀딩(funding)의 합성어로 창업기업이나 벤처기업이 불특정 다수로부터 자금을 조달하는 방식을 의미한다. 다수의 사람들은 기부나 후원, 투자약정, 대출 등의 방식으로 소규모 자금을 기업에 투자할 수 있다.

초기 크라우드펀딩은 자금이 필요한 기업들이 사업 구상이나 창의적인 아이디어를 소셜네트워크서비스(SNS)를 통해 제안해 자금 조달에 나서면서 '소셜 펀딩'이라고 불렸다. 이후 크라우드펀딩 전문업체들이 속속 생겨나면서 자금 조달이 필요한 기업들은 전문업체들의 온라인 플랫폼 등을 통해 자금을 모을 수 있게 되었다.

크라우드펀딩이 국내에 도입된 것은 2016년부터다. 특히 금융위원회가 2018년 코넥스 활성화를 위해 크라우드펀딩 방식을 허용하면서 크라우드펀딩 투자가 활발해졌다.

초기에는 기부나 후원의 형식으로 투자금을 모았지만, 크라우드펀딩도 점차 투자의 개념으로 자리 잡게 되었다. 처음에는 단순히 스타트업이나 벤처기업의 자금 조달 방식 중의 하나였던 크라우드펀딩은 이제 기업뿐만 아니라 영화나 스포츠, 농산물 등 형식을 가리지 않고 다양해졌다. 특히 국내에서는 크라우드펀딩이 영화 등 문화·예술·공연 분야에서 자금 사정을 해결하기 위한 수단으로 사용되고 있다.

한편 대중으로부터 소규모 자금을 모으는 크라우드펀딩의 반대 개념으로 '엔젤투자'가 있다. 엔젤투자는 주로 큰손투자자들이 유망한 벤처기업에 거액을 투자한다는 점에서 크라우드펀딩과 차이가 있다.

크라우드펀딩은 '자본시장과 금융투자업에 관한 법률 시행령(이하 자본시장법)'의 영향을 받는다. 그렇기에 투자자 보호를 위해 투자 적합성 테스트를 통과한 투자자만 청약이 허용된다. 투자자들은 일반투자자와 적격투자자(고소득투자자로 금융소득종합과세 대상자 또는 사업소득과 근로소득의 합이 1억 원 초과자), 전문투자자(자본시장법상 금융회사, 연기금 등 전문 투자자 및 창투종합, 적격·전문엔젤투자자)로 분류된다.

지난 2018년 4월부터 투자자들의 연간 투자 한도가 상향 조정되면서 일반투자자는 기업당 500만 원씩 1천만 원까지 투자할 수 있다. 적격투자자는 기업당 1천만 원씩 2천만 원을 투자할 수 있고, 전문투자자는 제한이 없다. 금융위에 따르면 크라우드펀딩 투자자의

90% 이상이 일반투자자로, 투자자 연령대는 30대가 40% 이상으로 가장 많다.

또한 지난 2019년 1월에도 자본시장법 시행령이 개정되면서 창업·벤처기업이 크라우드펀딩을 통해 모집할 수 있는 자금 한도가 연간 7억 원에서 15억 원으로 확대되었다. 금융·보험업과 부동산업, 사행성 업종을 제외한 사실상 모든 업종에 대해 크라우드펀딩을 통한 자금 모집이 허용되는 셈이다.

크라우드펀딩 투자는 한국예탁결제원의 크라우드넷(crowdnet.or.kr)과 와디즈(wadiz.kr), 크라우디(ycrowdy.com)와 같은 온라인 소액 투자중개업자 등을 통해 할 수 있다. 100만 원 이하의 소액 투자가 가능한 데다, 크라우드펀딩을 통해 기술 우수기업에 투자하는 경우 소득공제 대상에 포함된다는 이점 때문에 최근 개인투자자들의 관심이 커지고 있다.

크라우드펀딩은 투자금이 3천만 원 이하일 경우 100% 소득공제가 가능한데 지분증권만 해당된다. 이는 연말정산 기타소득공제 항목에 '일반 기업이나 벤처기업에 출자 또는 투자한 항목'으로 들어간다.

한도는 근로소득 금액의 50%까지다. 공제율은 일반 기업의 경우 중소기업이나 창업투자조합 등에 출자 또는 투자한 금액의 10%이고, 벤처기업은 개인이 직접 개인투자조합을 통해 출자·투자한 금액을 공제해준다.

벤처기업의 경우 2018년 이후부터 3천만 원 이하는 투자금액의 100%, 3천만 원 초과 5천만 원 이하는 70%, 5천만 원을 초과한 경우엔 30%가 적용된다.

단, 소득공제가 되는 투자인지 미리 확인할 필요가 있다. 대부분의 사이트에서 소득공제가 가능한 투자를 표시해두고 있다.

참고 자료
금융위원회 홈페이지

■ **독자 여러분의 소중한 원고를 기다립니다**

메이트북스는 독자 여러분의 소중한 원고를 기다리고 있습니다. 집필을 끝냈거나 집필중인 원고가 있으신 분은 khg0109@hanmail.net으로 원고의 간단한 기획의도와 개요, 연락처 등과 함께 보내주시면 최대한 빨리 검토한 후에 연락드리겠습니다. 머뭇거리지 마시고 언제라도 메이트북스의 문을 두드리시면 반갑게 맞이하겠습니다.

■ **메이트북스 SNS는 보물창고입니다**

메이트북스 홈페이지 www.matebooks.co.kr

책에 대한 칼럼 및 신간정보, 베스트셀러 및 스테디셀러 정보뿐만 아니라 저자의 인터뷰 및 책 소개 동영상을 보실 수 있습니다.

메이트북스 유튜브 bit.ly/2qXrcUb

활발하게 업로드되는 저자의 인터뷰, 책 소개 동영상을 통해 책에서는 접할 수 없었던 입체적인 정보들을 경험하실 수 있습니다.

메이트북스 블로그 blog.naver.com/1n1media

1분 전문가 칼럼, 화제의 책, 화제의 동영상 등 독자 여러분을 위해 다양한 콘텐츠를 매일 올리고 있습니다.

메이트북스 네이버 포스트 post.naver.com/1n1media

도서 내용을 재구성해 만든 블로그형, 카드뉴스형 포스트를 통해 유익하고 통찰력 있는 정보들을 경험하실 수 있습니다.

STEP 1. 네이버 검색창 옆의 카메라 모양 아이콘을 누르세요. STEP 2. 스마트렌즈를 통해 각 QR코드를 스캔하시면 됩니다. STEP 3. 팝업창을 누르시면 메이트북스의 SNS가 나옵니다.